AF607102

Un resplandor inesperado

Relatos de transformación espiritual basados en hechos reales

Ricardo Fernández Aguilà

Un resplandor inesperado

Relatos de transformación espiritual basados en hechos reales

Desclée De Brouwer

rferaguila@yahoo.es

Henao, 6 - 48009 Bilbao
www.edesclee.com
info@edesclee.com

ISBN: 978-84-330-3253-9
Depósito Legal: BI-00091-2024
Impresión: Grafo S.A. - Basauri

Índice

Prólogo

Donde explico cómo se hizo este libro y formulo la pregunta para la que no tengo respuesta

Las historias ficticias pueden contener mucha verdad, pero no son del todo reales por definición. Las historias de este libro son reales, contienen verdades a veces muy sorprendentes y por ello pueden parecer ficticias. Pero no lo son.

Las que aquí relato me fueron llegando dispersas en el tiempo y por canales distintos. Unas fueron confidencias de personas cercanas. Otras estaban narradas por gente de libro en algún rincón de su obra. Y algunas han sido fruto de mi propio viaje, aunque nunca lo formule explícitamente. Por tanto, estos fragmentos de vidas iban apareciendo a su manera y momento, pero yo tardé en darme cuenta de que eran perlas de un mismo collar.

¿Qué tienen en común? En todas ellas a sus protagonistas les sucede algo que no podían imaginar: descubren que hay realidades luminosas ignoradas por su conciencia. El mapa de la existencia humana, que todos nos construimos como podemos y que orienta nuestras reacciones, afirmaciones, negaciones, decisiones, tantas cosas, se comprende entonces que era incompleto. Por algún lugar de sus límites, se había abierto una rendija, o toda una ventana, y había irrumpido alguna revelación. Sería necesario rehacer el mapa.

Hay también otro rasgo tan decisivo como el anterior en la selección de estas historias. En todos los casos este momento luminoso es una visita, no el fruto de una búsqueda. Los seres humanos que aquí nos hablan no estaban investigando o meditando o peregrinando o en un retiro o en un templo. Todos están realizando o sufriendo actividades bastante comunes, sean difíciles o sencillas. Pueden estar de viaje, despertar del sueño, guardar cama enfermos, volver de una fiesta, cavar obligados una zanja ... Convendría a todas ellas esta cita de la filósofa María Zambrano: "Cuando lo invisible se presenta en nuestras vidas".

Por esto último, y para reforzar el carácter pasivo del sujeto y no sus posibles capacidades espirituales o intelectuales, se han querido juntar resplandores inesperados que tanto han acaecido a personajes de la Historia como a gentes anónimas. Así ha sucedido y seguirá sucediendo, creemos, más allá de esta recopilación forzosamente limitada. Veintiuna historias han de ser una antología muy reducida de lo que a veces nos puede ocurrir, se conozca mucho, poco o nada.

Queda la pregunta a que aludía al titular este prólogo. Es esta: si al ser humano le puede suceder lo que aquí se explica, esto es, que sin pretenderlo le llegue una luz nueva, le obligue (podría decir le invite) a rehacer su idea de la vida y le transforme para bien, según todos los testimonios, ¿por qué pasan estas cosas? Parece evidente que no son hechos azarosos, producto de la colisión humana con la naturaleza o con otras vidas, que ayudan o dañan. Son hechos, por decirlo con la limitación del lenguaje habitual, fruto de una gran inteligencia y sentido de la oportunidad. Son algo distinto a lo que cada protagonista sabía hasta entonces y, sin embargo, les viene a la medida. Pero ¿dónde se gestan? ¿Quién o quiénes son sus creadores? ¿Por qué lo han hecho? Son varios interrogantes, pero en el fondo es la misma pregunta y la misma ignorancia.

Tal vez una vida no dé tiempo para todo. Para vivir algo tan revelador y para conocer su trasfondo. Quizá hará falta esa continuación a la que solemos mirar tras nuestro horizonte existencial. Pero tener una señal clara del misterio es un momento mayor. Al leer sobre ello, al leer lo que a algunos les ha ocurrido, otros pueden estar más cerca de esa realidad superior que parece correspondernos y aguardarnos.

—Ricardo Fernández Aguilà

1

Petrarca: humanista y alpinista

Era tanto el amor de Petrarca por los libros, que el día que acometió la proeza de escalar el Mont Ventoux, llevaba en su bolsillo uno de tamaño muy reducido, "pero de infinita dulzura", en palabras suyas, y se puso a leer al alcanzar la cima.

Este hecho, que él mismo narró con gran detalle en una carta a su amigo Dionigi da Borgo San Sepolcro, y del que vamos a ocuparnos en este texto, ocurrió el 26 de abril de 1336, cuando tenía 32 años; aún viviría 38 más. Hasta ese día, la vida de aquel hombre nacido en Arezzo el 20 de julio de 1304, y crecido cerca de Avignon, ya había mostrado las líneas maestras de lo que sería su existencia. Pero algo esencial aún tenía que ocurrir.

La juventud del que sería uno de los más influyentes poetas de la historia de la literatura, y ejemplo máximo de humanista, había transcurrido en la Provenza. Allí Francesco Petrarca conoció bien la poesía que habían inventado los trovadores, y debió de sacar muy buena nota en su educación sentimental de la mano de aquellos enamorados de damas imposibles, a las que, a pesar de todo, amaban con pasión, trataban con delicadeza y poetizaban sin descanso. El amor cortés. ¡Cómo llegaría Petrarca a recrearlo!

Mas otro tipo de amor le había comenzado a poseer y nunca le abandonaría: el que profesó por los libros en general y por la literatura clásica latina en particular. Sin embargo, su padre le envió muy joven a estudiar leyes en Montpellier y después en Bolonia. El padre no quería saber nada del hechizo que aquellos libros ejercían sobre su hijo y llegó a quemarlos, y Petrarca, según se cuenta, a correr a la hoguera para rescatar cuanto fuera posible.

En el 1326 murió el padre y Petrarca regresó a Avignon. Un año más tarde, el Viernes Santo, ocurrió un hecho inesperado y trascendental. Fue que vio por primera vez a una dama, llamada Laura, y ese día la historia de la poesía comenzó a cambiar. También comenzó a cambiar Petrarca, claro está, que se enamoró hondamente de ella, casi con seguridad ya casada, a la que vio pocas veces más y siempre de manera fortuita. Poco importó que no fuera correspondido. El impacto sentimental debió de ser indescriptible, y a nuestros ojos, de otro mundo. A partir de aquel día no dejó de escribir (en italiano, que no en latín como el resto de su obra) centenares de composiciones dedicadas a Laura, de una penetración psicológica y precisión en la palabra tan originales en su momento, que crearon una escuela poética de gran influencia en toda Europa: el petrarquismo.

He aquí unos versos del soneto 18 (en traducción de Atilio Pentimalli):

Cuando todo estoy vuelto hacia aquel sitio
donde brilla la bella faz de mi señora,
y me ha quedado en el pensamiento la luz
que adentro poco a poco me arde y me consume;
yo, que temo que el corazón se me rompa

y veo cercano el concluir de mi luz,
me marcho, como un ciego, sin luz,
que no sabe dónde va y sin embargo parte.

¿Adónde partió Petrarca con aquella inundación de amor que no cesaba? En varias direcciones. Hacia el pasado, sin duda. La cultura clásica, que la Edad Media poco había apreciado, fue uno de sus motivos de vida. El estudio de Cicerón, Virgilio, Tito Livio y tantos otros; los viajes por Europa recuperando manuscritos de estos y otros autores, la creación de una importante biblioteca personal que acabó donando a la ciudad de Venecia; en fin, la tarea de traer al presente la riqueza de un pasado eclipsado durante siglos, tarea que conocemos hoy como Humanismo y que formó parte esencial del Renacimiento.

También partió Petrarca hacia una casa cercana a Avignon, en Vauclus (valle cerrado), donde se abismó en sus estudios, en la escritura de obras en prosa y en verso, en latín, y en la prolongación del retrato poético de su amor por Laura, que hoy se conoce como "Cancionero".

Y un día partió a la conquista de la cima de un gigante de casi 2.000 metros de altura: el Mont Ventoux. Hoy es especialmente conocido como el final de muchas etapas ciclistas del Tour de Francia, pero en el siglo XIV, nadie (o casi nadie) se había atrevido a emprender la subida, ni nadie parecía tener motivos para arriesgarse a tal empresa. ¿Por qué Petrarca se empeñó en hacerlo?

Como decía al principio, todo lo relacionado con esta insólita iniciativa de 1336 lo dejó escrito en una larga carta a un amigo, que comenzó la misma noche en que regresó de la ascensión. En su escrito, este hombre de 32 años, dedicado al estudio y a la poesía, enamorado de una imposible dama, aunque en 1330 había tomado las órdenes menores eclesiásticas, nos explica que su deseo era llegar a la cima para contemplar el formidable y vastísimo paisaje que desde ella se podría descubrir. Era la gran montaña de la zona en que se había criado y siempre la había tenido ante sus ojos. Mas un hecho muy literario, muy propio de su devoción por los autores clásicos, le había animado definitivamente: la lectura de la Historia de Roma de Tito Livio, quien explicaba que Filipo, rey de Macedonia, había escalado el monte Hemo en Tesalia, atraído por el rumor de que desde su cumbre se podían divisar dos mares: el Adriático y el Euxino. El embrujo de la naturaleza sumado al de la cultura decidieron a Petrarca a acometer la conquista de la montaña. Le acompañaron su hermano pequeño y dos criados.

Al comenzar el intento un pastor intentó disuadirlos. Fue en vano. La ilusión por llegar a un lugar vedado al ojo humano era más fuerte que el desafío de aquella mole rocosa. Crestas, valles, rocas, zarzas... Petrarca buscaba entre todo ello el camino más accesible. Retrocedía, hallaba otro atajo, perdía el paso de su hermano, se rencontraban más tarde, y mientras tanto se hablaba a sí mismo:

> *Debes saber que lo que hoy te ha sucedido tantas veces en la ascensión de este monte os ocurre a ti y a otros muchos en el camino de tu viva bienaventurada.*
>
> *La vida que llamamos bienaventurada está situada en un lugar elevado; la senda que a ella conduce es angosta, según dicen.*

Finalmente llegó a la cumbre soñada. El espectáculo, descrito por él mismo, era impresionante. A sus pies, las nubes. Dirigiendo la vista a Italia, aparecían los Alpes. Hacia occidente, los montes de Lyon; a la izquierda, el mar de Marsella; frente a ellos, el río Ródano. Petrarca admiraba todos los detalles desde aquel espacio de soledad.

Fue entonces cuando abrió al azar el librito que siempre le acompañaba: las "Confesiones" de San Agustín, regalo del amigo a quien escribíó la carta con este relato, y en la que quiso recalcar que "a Dios pongo por testigo, y también a mi hermano –que se hallaba presente, porque esperaba con interés oír a Agustín hablar por mi boca–, de que las primeras líneas que vi decían":

> *Los hombres viajan para admirar la altura de los montes, las grandes olas del mar, las anchurosas corrientes de los ríos, la latitud inmensa del océano, el curso de los astros, y se olvidan de lo mucho de admirable que hay en sí mismos.*

Petrarca se quedó atónito y guardó silencio. Emprendieron el camino de regreso, pero nadie le oyó decir ni una sola palabra.

> *No podía creer que se tratara de un suceso fortuito, sino que pensaba que lo que allí había leído se había dicho únicamente para mí.*

Francesco Petrarca se consagró al estudio y a la escritura. Su visión de la cultura no apuntaba a una simple acumulación de conocimientos, sino que aspiraba a la sabiduría. Es, sin duda, uno de los padres del Humanismo: la visión del ser humano como centro del mundo. El traje mental que la Edad Media había reservado al hombre le vestía para una vida de cumplimiento de la voluntad divina, como tarea principal de sus días. El Humanismo fue clausurando esa época, fue desgarrando las costuras de ese traje ya demasiado estrecho y, con Dios o sin Dios, nos propuso descubrir qué era el ser humano, en toda su amplitud.

Algunos estudiosos creen que aquel hecho del Mont Ventoux fue un decisivo impulso para el nacimiento de esta visión de la existencia. Hay quien cree, incluso, que aquel día comenzó, simbólicamente, el Renacimiento, dada la influencia histórica de Petrarca. Bien es cierto también que algún otro biógrafo optó por bautizarle, a raíz de la conquista de la montaña, como "el primer alpinista moderno". De lo que no cabe duda es de que el hombre que bajó de la gran montaña no era el mismo que la había subido.

Un día, cuya fecha desconocemos, le quisieron confiar un cargo eclesiástico que implicaba dedicarse por completo a una parroquia. Petrarca rechazó el ofrecimiento y dijo: "Bastante quehacer me da mi propia alma".

* * *

2

Un año más tarde

Ella tendría unos 25 años; él, 30. Se conocieron en unas clases de yoga y se hicieron amigos. Conversaron varias veces de cuanto les ocurría al uno y al otro, de lo mejor y de lo peor. Era todo muy fluido. Al llegar el verano fueron con un pequeño grupo a Mallorca. Los primeros días se alojaron todos en un piso de una mallorquina hospitalaria, en Palma. Por las mañanas la gente dormía hasta tarde y luego les daba por la ceremonia del té o algo parecido. Menos ellos dos, que preferían tomarse un café con leche y una ensaimada en un bar cercano. Siempre se sentaban a la misma mesa de la terraza, que casualmente siempre parecía esperarles a ellos. El resto de la estancia en la isla estuvo muy bien, pero no aporta nada especial a esta historia, cuyo acto central ocurrirá tres meses después, en otoño.

Fue muy extraño, porque al principio de noviembre, cuando en Barcelona se celebra el Día de Todos los Santos comiendo castañas, boniatos y un dulce de mazapán llamado "panellets", aquel mismo grupo de amigos del verano se volvió a reunir y prepararon una fiesta simpática, alegre, confiada.

Unos diez días más tarde, ella comenzó a sentirse mal; tuvieron incluso que ingresarla. Parecía inconcebible, pero cada día estaba peor y no había manera de contener aquel asalto de la enfermedad. Se había detectado el mal, pero nadie sabía cómo pararlo. Cuando corrió la voz entre los amigos, ya estaba tan sólo medio consciente. Murió 24 días después de aquella fiesta a la que ella había llevado sonriente unos "panellets" hechos con sus propias manos.

El impacto, el desconcierto, el dolor de la familia y de los amigos fue inmenso; no es difícil imaginarlo. Él había acudido a la clínica cuando su estado ya no permitía ninguna conversación. Pero la noche de su fallecimiento pudo, junto con un familiar, velarla durante unas horas.

La gran pregunta sobre el más allá de aquella amiga desaparecida se instaló en su vida. Una noche tuvo un sueño vivísimo con ella. Estaba hermosa, serena. ¿Quién podía saber si el sueño era un mensaje? Lo cierto es que ella seguía muy presente.

En el verano siguiente volvió a Mallorca. Esta vez se instaló en casa de un amigo, pero no en la capital de la isla, Palma, sino en un pueblecito bastante alejado. Resultaba inevitable evocar la presencia de ella por aquellos lugares. Allí habían estado sólo un año antes. El amigo que le acogió también lo era de ella, así que el recuerdo se avivaba entre los dos.

Llegó el último día de la semana de vacaciones. Él tenía que tomar un avión por la tarde. El pueblecito distaba unos 30 kilómetros de la capital y mal comunicado. El amigo había tenido que partir a primera hora de la mañana con su coche, pero le había asegurado que en aquel paraje hacer auto-stop era fácil. Aunque él no lo veía claro, siguió el consejo. Al poco de intentarlo, para su sorpresa, una furgoneta se detuvo. Iba hasta Palma. Él respiró aliviado y, por supuesto, le dijo al conductor que le daba igual en qué parte de la ciudad le dejara. En cualquier sitio se espabilaría para llegar a la estación de autobuses que trasladaban al aeropuerto.

Fue un viaje simpático, el hombre era cordial, pero no podía desviarse ni una manzana de su recorrido habitual por la ciudad. Estaba trabajando y con cierta prisa. Le llevaría a donde iba a descargar, que era una zona bastante céntrica. Él se perdió un poco cuando el vehículo comenzó a serpentear por una calle y por otra y por otra. Daba igual, la conexión con el aeropuerto estaba asegurada. Finalmente se detuvo. En aquel lugar ya se orientaría, le dijo el conductor. Aunque él no sabía muy bien dónde estaba, le dijo seguro que sí, y gracias, muchas gracias.

Cuando se quedó en la acera con su bolsa y se giró, no se lo podía creer. De todos los metros cuadrados de aquella ciudad, la furgoneta le había dejado frente al que ocupaba precisamente aquella mesa de café en que él y ella se instalaban las mañanas del verano anterior. Cómo no quedarse desconcertado, y emocionado, pero con una emoción que no sabía nombrar.

¿De qué estaba hecho aquel suceso? No podía llamarlo fantasía, ni menos sueño. Pero tampoco iba a llamarlo casualidad.

Sin una palabra exacta, pero con una sonrisa interna que antes no había conocido, siguió su vida.

* * *

3

Eric-Emmanuel Schmitt, perdido en el desierto

Es posible que la idea de que para encontrarse antes hay que perderse, nos haya llegado en alguna ocasión. Metáfora, entendemos, de que para descubrir lo que podemos ser, pero que aún no hemos atisbado, hace falta soltar lo que es solo repetición mental y visión escasa de nuestro interior. En el caso del escritor francés (nacionalizado belga en 2008) Eric-Emmanuel Schmitt, este perderse para encontrarse fue algo literal, no un giro del lenguaje. Una experiencia sin metáforas, física, concreta, amenazante al principio. Y el desenlace, una transformación de su espíritu y un giro en su vida posterior.

Eric-Emmanuel Schmitt nació en Lyon el 28 de marzo de 1960. Sus padres eran profesores de Educación Física. Le dieron una formación laica, pero quisieron que fuera a clases de catecismo a los 11 años porque "a pesar de todo, tienes que conocer esa historia". Un día su madre le llevó al teatro a ver "Cyrano de Bergerac", con el gran actor francés Jean Marais, y el crío lloró de emoción. Ya de joven la literatura le atraía como lector y, por qué no algún día, como autor. Estudió Filosofía y durante un tiempo dio clases de esta materia. Pero aquella imaginación de un futuro como escritor resultó una intuición certera. Hasta el día de hoy su obra se compone de 14 textos teatrales, 2 ensayos, 9 novelas, traducciones y 2 películas, como guionista y director. Sus obras dramáticas se han representado en 35 países. Ha sido traducido a 50 lenguas. Algunos de sus títulos: "El visitante", "El libertino", "Variaciones enigmáticas", "El señor Ibrahim y las flores del Corán", "Oscar y Mamie Rose", "El Evangelio según Pilatos", "Mi vida con Mozart"... han alcanzado popularidad.

Esta carrera de escritor tuvo un punto de partida muy preciso. Ocurrió el 4 de febrero de 1989, cuando tenía 29 años. Hasta entonces Eric-Emmanuel Schmitt intentaba escribir, pero sin ningún éxito. Tampoco él se sentía satisfecho de lo que hacía. Entonces algo ocurrió. Algo completamente imprevisto e inexplicable. Él mismo lo ha contado:

> *Me había ido al desierto del Hoggar, en el Sahara, con unos amigos. Habíamos escalado el monte Tahar, la cima más alta, y quise descender el primero. Me di cuenta de que me equivocaba de camino, pero continué, irresistiblemente seducido por la idea de perderme. Y me perdí. Estaba en camiseta, sin agua ni comida, a 300 kilómetros de todo lugar habitado. Oscurecía...*
>
> *Cuando cayeron la noche y el frío, como no tenía nada, me enterré en la arena. En vez de tener miedo, esa noche de soledad bajo la bóveda estrellada fue extraordinaria. Experimenté sentimientos intensos: todo miedo y angustia se esfumaban para siempre, experimenté una confianza infinita en la vida... y percibí que todo tiene sentido. Tuve la certeza de que un Orden, una inteligencia vela sobre nosotros, y que en este orden, había sido creado, querido.*

Toda esa noche pasó en un segundo. Al amanecer, caminé montaña arriba, para bajar por la otra cara. Al encontrar a mis amigos de nuevo, me avergoncé por haberles angustiado con mi desaparición y no me atreví a compartir con ellos mi alegría. Regresé a Francia con mi secreto.

He intentado imaginar la escena de este hombre extraviado en el desierto, sin agua, sin ninguna seguridad de ser encontrado y, sin embargo, sin ninguna sensación de desamparo. Todo debió de ser muy sutil y, al mismo tiempo, de una solidez definitiva aquella noche. Un vuelco enorme en su consciencia. ¿Qué clase de experiencia mística fue esa?

Ahora sé que dentro de mí hay más que yo mismo, añadió. ¿A qué se refería? ¿Qué frontera interior cruzó para llegar a un lugar nuevo, luminoso, que era suyo pero que no era exactamente él, al menos tal como siempre se había sentido? ¿Qué presencia le acompañó? Respuestas quizá más allá de las palabras. Sin embargo, aparte del descubrimiento de su realidad transfigurada, aquella noche fue algo así como el kilómetro 0 de la carrera de un creador de la palabra, que aún no había realmente empezado.

Fue a partir de esa fecha que pude escribir. Hasta entonces, todo lo que escribía me parecía vano. Poco tiempo después redacté mi primera obra: "La nuit de Valognes", y desde entonces apenas he parado. Esa noche en el desierto me reveló por qué había sido hecho: yo era un escriba.

En su obra "El visitante", en la que un enigmático personaje, que dice no tener ni padre, ni madre, ni sexo, ni inconsciente, visita a Freud, encontramos unas palabras de aquel dirigidas al fundador del psicoanálisis, que de inmediato reconocemos como un eco de la experiencia que todo lo cambió en la vida de Erich Emmanuel-Schmitt:

> *Hasta esta noche, creías que la vida era absurda. De ahora en adelante, sabrás que es misteriosa.*

* * *

4

El secreto de Caronte

Tengo ante mí una postal de un cuadro de Joachim Patinir que compré en una exposición de su obra en el Museo del Prado. Se trata de "Caronte atravesando la laguna Estigia". Este personaje de la mitología transportaba en su barca las almas de los muertos desde el país de los vivos al otro mundo. Patinir fue un pintor del siglo XVI que en esta obra de gran éxito plasma un tema inmortal, y nunca mejor dicho: ¿Los muertos van a algún sitio? ¿Es la muerte un viaje que se vive con alguna forma de consciencia?

Esta historia trata de los viajes de Caronte, pero con una variación. ¿Hay viaje de regreso? ¿Caronte retorna a la orilla de los vivos a algunas de sus almas, ni que sea por unos breves instantes?

Conocí a los dos protagonistas de este relato, padre e hijo, de cerca. He sido confidente de lo que no se quiso explicar en cualquier lugar, ante cualquier persona, en parte por pudor a revelar algo muy personal, en parte para ahorrarse los silencios incómodos de quienes no están dispuestos a aceptar que a uno le puedan ocurrir cosas sorprendentes, ni menos que puedan tener algún significado. Tengo la autorización del hijo para transcribir aquí los hechos. Los nombres y algunos detalles muy secundarios son ficticios. El núcleo de la historia, evidentemente no.

Ramón Gracia y yo nos conocimos hace bastantes años en un instituto de enseñanza secundaria. Él era profesor de Física; yo, de Lengua y Literatura. Congeniamos y conversamos bastante en nuestros ratos libres.

A mí me gustaba que él me explicara cosas de Física, básicamente porque no tenía ni idea, haciendo honor a mi condición de licenciado en Letras, y él, en cambio, tenía buen oído para la poesía. En algún momento ambos coincidimos en que al centro le faltaba una revista y a nosotros nos sobraban, en aquel entonces, ganas de ocuparnos en ponerla en marcha.

Creo que Ramón tendría unos 29 años cuando empezó nuestra amistad. Vivía aún en la casa familiar. Su única hermana residía en Suecia, él se avenía bastante con sus padres y colaboraba en los gastos, lo que resultaba un alivio para una familia modesta, por todo lo cual no se daba mucha prisa en marcharse. Pronto aparecería una señorita estupenda con la que, en el plazo de un año, se entregó con entusiasmo a visitar pisos de alquiler. Explico todo esto porque yo frecuenté su casa familiar en aquellos días en que nos pusimos a diseñar nuestra propuesta de revista para el instituto. Y ahí conocí a sus padres, aunque me referiré sólo al padre, a José María Gracia, para ceñirme al hilo principal de este relato.

Se trataba de un hombre muy amable, risueño, jubilado de una empresa del metal en la que había ejercido de administrativo, y que pasaba buena parte del día en su hogar leyendo libros sobre la Guerra Civil Española. Había pertenecido a la leva más joven del ejército republicano, la conocida como "quinta del biberón", y todo lo que le aconteció en la guerra, y en los primeros años de la postguerra, le dejó una huella perpetua y una gran curiosidad por confirmar en los libros lo que él había visto con sus propios ojos.

Siempre se quedaba un rato con nosotros cuando yo llegaba y me traía, invariablemente, "un coca-cola", con ese artículo masculino que no sé de dónde había sacado. Mientras yo intentaba fulminar las burbujas del coca-cola, que no me sentaban demasiado bien aunque me gustara la bebida, a base de remover y remover el brebaje, él me mostraba el libro de memorias o de crónicas de la guerra en que andaba sumergido. "¿Lo conoces?", me decía mientras sostenía ante mí, orgulloso, el volumen del momento, convencido de que como profesor de Literatura tenía que decirle que sí. "A mi hijo estos libros no le van. Él es de Ciencias". Y yo intentaba sortear mi desconocimiento como podía ("me suena pero ahora mismo...", "me han hablado de este autor", "mi padre mencionó una vez..."). El hecho es que en aquel tiempo yo sólo leía literatura y filosofía, pero me sabía muy mal decepcionar al señor José María cada vez que les visitaba. Entonces, para subsanar mis lagunas históricas, y con su cortesía proverbial, me hacía un resumen de diez minutos exactos y, como si hubiera sonado un timbre en su cabeza, al llegar a ese momento, se levantaba y volvía al sofá del comedor. "Os dejo trabajar". Y ya no le veía hasta la hora de despedirme. Mi amigo Ramón le dejaba hacer y le miraba con una mezcla de comprensión, respeto y paciencia a partes iguales. Ciertamente Ramón no leía los libros de su padre, pero el libro de la vida de su padre, yo diría que se lo conocía bastante bien. Nunca me lo dijo, pero a mí siempre me pareció que le quería mucho.

Ramón y yo dejamos de vernos durante unos cuantos años. Él encontró destino definitivo en un instituto a unos treinta kilómetros de nuestra ciudad. Yo me perpetué en el que nos conocimos. Allí se casó y tuvo un hijo. Y nos desconectamos cada vez un poco más. Sin que ocurriera ningún conflicto dejamos de saber el uno del otro. Hasta que un día me quedé clavado en las esquelas del periódico. José María Gracia, su padre, había fallecido. El entierro era al día siguiente, en mi ciudad y la de sus padres, y decidí acudir sin pensarlo dos veces.

La sala de ceremonias del tanatorio estaba llena. José María Gracia se había hecho querer. Ramón tomó al final la palabra y habló con delicadeza de la historia de su padre: de su infancia, del tiempo de guerrear, de su familia, de su trabajo, incluso citó los libros de historia que tanto le acompañaron y de los que él no había leído ni uno, lo que aquel día lamentaba. El momento más emotivo fue probablemente un fragmento del poeta Miguel Hernández, que Ramón había escogido como cierre de sus palabras. Dijo, y me sorprendió, que aquél era el mensaje que creía que su padre dejaba a las personas que le pudieran echar mucho en falta:

Aunque bajo la tierra
mi amante cuerpo esté,
escríbeme a la tierra,
que yo te escribiré.

El reencuentro con Ramón fue el inicio de una nueva etapa en nuestra amistad. Nos vimos una semana más tarde y hablamos con la fluidez de aquellos años compartidos. Mi impresión, ya lejana en el tiempo, de que un hilo de afecto muy sólido, aunque silencioso, siempre le había unido a su padre se confirmó a lo largo de la conversación. Un año antes, al hombre le habían detectado un tumor canceroso. Ramón le había llevado a todas las sesiones de quimioterapia y de radioterapia. Su hermana no podía trasladarse desde Suecia, donde tenía trabajo y familia, y a su madre la dejaba al mando de la casa, donde mejor se desenvolvía la mujer. Había sido un buen enfermo, había aguantado el tipo sin hablar mucho del asunto, durmiendo un poco más y leyendo un poco menos de lo habitual. Las cosas se habían precipitado en un mes. Falleció en casa, en su cama, junto a su esposa, en medio de la noche. Se marchó sin hacer ruido y sólo se dieron cuenta unas horas más tarde, al amanecer.

En nuestra siguiente conversación, al cabo de dos meses, me comentó que estaba sorprendido de lo mucho que echaba en falta al padre. "Tengo una vida ocupadísima en todos los sentidos. Estoy feliz con mi mujer, con mi hijo, con el trabajo... Apenas tengo tiempo para pensar en otras cosas y, mira, no sé qué es, pero por las noches, cuando todos duermen y me quedo un rato a oscuras en el comedor, no me hago a la idea de no ver más a mi padre. Es como si no pudiera ser". Yo le dije que era normal, que aún estaba muy reciente, que todo duelo requiere un tiempo y otras frases parecidas que ya me pareció que no le acababan de convencer. "No sé. Ya veremos. Todo esto es muy raro", me contestó. Y yo para acabar de rematar un día para la posteridad, sentencié: "Es la muerte, Ramón. La muerte es así".

Ramón, conviene que en este punto lo diga, no era un hombre de creencias; era un hombre de asombros. No había adoptado ninguna religión, ni tampoco la de la ciencia. "Es que cuanto más estudio, cuanto más al día estoy de las teorías de Física, menos claro lo veo todo", me comentó en aquellos días.

Y en otro encuentro me dijo algo que no se me borró: "Me cuesta creer en nada, pero igual me cuesta creer que no hay nada más". Era evidente que la muerte de su padre, aparte del duelo inevitable, le había provocado una sed que no sabía cómo saciar.

Y el teléfono sonó una noche. Era Ramón. Acababan de regresar de un fin de semana en Madrid y tenía cosas que explicarme. No nos veíamos desde antes del verano, casi cuatro meses sin saber de él, y me sorprendió la llamada nocturna, con un punto de urgencia. Se lo dije. "Sí, me ha pasado algo y te lo quiero contar". Nos citamos para el día siguiente.

"Estábamos hace un mes con mi mujer y mi hijo de vacaciones en Mallorca. Un día, por la mañana, ellos se fueron a la playa y yo me quedé un buen rato en la habitación. Me había traído un par de libros interesantísimos y aún no los había abierto. De pronto, allí solo, llegó mi padre. Quiero decir que lo sentí muy próximo en mi interior y como esperando que le dijera algo. Casi sin darme cuenta me puse a hablar con él. Es verdad que por un momento se me cruzó un pensamiento de reproche: ¿Qué haces, Ramón, hablando con tu padre? Hace medio año que ya no está aquí. ¿Qué estás haciendo? Pero enseguida envié al cuerno el reproche y seguí con lo mío. Fueron seis o siete minutos, no creo que más. Le dije cómo nos iba la vida a toda la familia. Le pregunté si estaba bien. Le expliqué por qué estábamos en aquella isla de vacaciones. Todo muy sencillo, nada prodigioso, qué va. Él no me decía nada, pero yo comprendía que me estaba escuchando. Le pregunté cómo estaba. Sentí que me sonreía. Ya sé que visto ahora parece una locura, pero entonces tenía mucho sentido. No hubiera podido hacer otra cosa. Así me despedí, como solemos hacer todos, deseándole lo mejor.

Y lo mejor, ¿qué era para él? Yo qué iba a saber, pero se lo dije de corazón, eso sin duda. Ahora, esto no fue todo, si no, no te hubiera llamado".

"Aquel mismo día, insisto, aquel mismo día, habíamos decidido ir con mi esposa y el niño a ver un acuario en el pueblo en que veraneábamos. Mientras estaba con ellos viendo morenas, tiburones y peces payasos, apenas se me ocurría comentar nada, lo que era muy raro en mí. Y es que yo seguía en la habitación, con mi padre, y no me estaba enterando de nada. Al acabar el recorrido, había una tienda y mi hijo se empeñó en que le compráramos una gorrita con un delfín. De pronto vi un rincón con libros y me fui directo a una estantería, como si un canto de sirena me estuviera llamando desde allí. Resultó que todos los libros de aquella sección eran del mismo autor, un biólogo marino que yo no conocía. Pero el nombre sí. No te lo vas a creer. Se llamaba José María Gracia. Como mi padre. ¡Todos los libros de aquella estantería con el nombre de mi padre! ¡Y en el día de mi conversación con él! ¿Qué te parece?".

Ramón no me dio tiempo a que le dijera algo sobre la coincidencia. Es cierto que me quedé callado más de lo habitual. No se me ocurría así de pronto qué decirle. Pero lo que para mí era una historia completa, para Ramón era sólo la mitad de lo que tenía previsto contarme. Así que siguió hablando sin darme tiempo a buscar alguna buena frase sobre la casualidad o la no casualidad.

"Esto no es todo. Ahora acabamos de pasar cuatro días en Madrid. Mi esposa tiene una gran amiga que se casó y se quedó a vivir allí. A veces vienen ellos, a veces vamos nosotros. Nos llevamos más que bien los cuatro. Una noche dejamos a todos los niños en su casa con una canguro y nos llevaron a cenar a un restaurante que se llama La Vaca Argentina. Lo pasamos bien, como siempre, hablando de mil cosas. Pero yo no solté prenda de lo que me había pasado en Mallorca. Sólo mi mujer lo conocía. Te lo digo porque pasó casi lo mismo. Verás".

"Mi padre era medio madrileño. Su padre era de Madrid y tenía varios primos allí con los que se escribía y se llamaban para Navidad. Cuando murió, vinieron todos al entierro. Te lo digo porque llegar a esa ciudad, me aproximó otra vez a mi padre. Era un lugar en parte suyo y así lo sentí la mañana que salí temprano, las calles medio vacías, de casa de nuestros amigos a comprar el periódico y unos cruasanes para el desayuno. Y me entraron otra vez muchas ganas de comunicarme con él. Desde lo de Mallorca, no había hecho nada parecido. Fue de nuevo algo que se presentó como con fuerza propia. Mentalmente, porque iba andando por la calle y no quería que nadie me tomara por lo que no soy, le fui diciendo cosas. Cosas muy simples, como la otra vez: qué bien se estaba en aquella ciudad, que el día anterior había visto a los parientes de Madrid... El hecho es que aquella misma noche, al ir a salir del restaurante que te decía, vi un montón de revistas en un mostrador. Eran de la cadena de establecimientos donde habíamos cenado. Cogí una. Al llegar a casa, la abrí y en la primera hoja se me apareció una entrevista con un cocinero que, sí, ya te lo imaginas, se llamaba José María Gracia. ¿Tú qué piensas de todo esto que me ha pasado?"

* * *

Ya hace varios años de aquella confidencia de Ramón. Cuando entonces me preguntó qué opinaba, le dije que nada que yo pudiera decir iba a aportar algo mejor a su experiencia. Hice bien. Casi sin darme cuenta le regalé mi silencio, que era lo mejor que podía ofrecerle. Él estaba viviendo una forma de presencia para la que no teníamos nombre ninguno de los dos. Ni falta que hacía.

Pero nunca he dejado de pensar en aquellas sincronías, en aquella firma con el nombre de su padre apareciendo en los momentos más oportunos y en los lugares más inesperados, en aquel diálogo imprevisible de aquí a allí, de allí a aquí, o en cómo ocurrió todo a la medida de mi amigo Ramón, es decir, sin ninguna teoría en que creer, sin médiums en quien confiar, sin ir en busca de tener una experiencia. Todo llegó por la vía del asombro, desnudo, sin conceptos, el único camino que él, desde siempre, estaba dispuesto a recorrer. Como el poeta Rilke aconsejaba en sus "Cartas a un joven poeta":

> *Hemos de aceptar nuestra existencia tan ampliamente como nos sea posible. Todo, incluso lo inaudito, ha de ser posible. Esto es lo fundamental, el único valor que se nos exige: ser valientes ante lo más extraño, maravilloso e inexplicable que nos pueda acontecer. Que los seres humanos sean cobardes en este sentido, causa un daño infinito a la vida; las experiencias que llamamos "apariciones", todo el llamado "mundo de los espíritus", la muerte, todas estas cosas tan emparentadas con nosotros, hasta tal punto han sido expulsadas de la vida por un rechazo realizado día a día, que los sentidos con los que podríamos percibirlas, se han atrofiado.*

La Humanidad ha ido descubriendo más realidad en todas sus dimensiones. Hacia fuera, hacia el Universo, donde la mirada desfallece y se confunde, ha encontrado con el tiempo mundos interestelares de magnitudes inimaginables. Hacia dentro, hacia los constituyentes de la materia, del propio cuerpo, la pequeñez se ha revelado también desbordante. Un día se descubrió el átomo y se le puso ese nombre equivocado (lo no divisible). Otro día se supo que era divisible y había más en su interior. Electrones, neutrones y protones nos fueron confiando su enigmático comportamiento, hoy todavía en estudio, como mi amigo Ramón me explicó un día. Nos queda una tercera dimensión esencial de la vida humana. La que tal vez espera cuando nuestro cuerpo se estropea definitivamente. Algunos creen imposible avanzar en el conocimiento de esta tercera dimensión. Otros, no. Lo que parece cierto es que no hay respuestas si antes no hay preguntas.

¿Qué sabe Caronte de ese ir y venir de una a otra orilla? ¿Por qué no revela su secreto? ¿O sí lo hace en ocasiones?

* * *

5

El vecino de Jung

Esta historia que Jung nos cuenta en sus "Memorias", debió de sucederle entre 1914 y 1930, pues fue en ese periodo cuando tuvo sus principales sueños y visiones, a los que se refirió de este modo:

> *Los años en los que seguí mis imágenes internas fueron la época más importante de mi vida y en la que se decidió todo lo esencial. Era la materia originaria para una obra de vida.*

Y esta "obra de vida" del psiquiatra suizo Carl Gustav Jung (1875-1961), la podemos cuantificar en 18 volúmenes de Obra Completa, más 3 de Cartas, la creación de un nuevo camino para la psicología, llamado psicoterapia analítica, y, sobre todo, una larga indagación plena de nuevas intuiciones sobre el mundo interior del ser humano.

En este viaje tuvo un gran papel el tratamiento de los enfermos que fue atendiendo a lo largo de su experiencia clínica, pero también la investigación sobre las profundidades de la psique humana, aquello que nos constituye a todos, conscientemente o, y sobre todo, inconscientemente: en sus propias palabras, la realidad del alma.

En esta exploración Jung se valió de la observación de los comportamientos de sus pacientes, como decía, pero también de un estudio y reflexión amplísimos, que no sólo abarcaron la psiquiatría sino también la mitología, las religiones, la parapsicología, el arte... Sin embargo, buena parte de sus aportaciones llegaron a través de realidades psíquicas que aparecían en su conciencia sin que él las trajera directamente. Me estoy refiriendo a los sueños y a las visiones. Sobre ello dijo:

> *Hay cosas en la psique que no son producidas por mí, sino que se presentan por sí mismas y tienen su propia vida.*

Y un ejemplo es la historia a la que aludía al inicio de este escrito e incluida en sus memorias, tituladas “Recuerdos, sueños, pensamientos”. Fue esto lo que ocurrió.

Un amigo, y vecino suyo, había muerto repentinamente. Jung estaba afectado por aquel suceso y el día después del entierro, de noche, pensaba en él. De improviso sintió que el amigo estaba en su habitación. No sólo eso, sino que quería que le siguiera. Jung lo explica como una visión interior, no como una aparición física. Esto le creó dudas: ¿era una fantasía sin más?, ¿era una presencia, inexplicable pero cierta? Con la fuerza de la imagen interior, pero con la dificultad de admitirlo como algo real, pasaron unos momentos. Cuando decidió dar una oportunidad a su extraña vivencia, el amigo se fue hacia la puerta y le hizo señas de que le siguiera. Jung dejó que la visión continuara.

El vecino, en su sorprendente visión, le llevó fuera, al jardín, a la calle y finalmente a su propia casa, que se hallaba a no más de cien metros de la de Jung. Una vez dentro le condujo a su biblioteca. Es importante aclarar que Jung nunca había estado en aquel lugar. Entonces el hombre se subió a un taburete y señaló un libro de un estante superior. Se trataba del segundo de cinco libros encuadernados en rojo. Le indicó ese volumen, cuyo título Jung no podía distinguir desde abajo, y en ese momento la visión cesó.

Al día siguiente, Jung no pudo menos que ir a visitar a la viuda de su amigo y pedirle permiso para entrar en la biblioteca. Y sí, había un taburete bajo las estanterías y arriba se podían divisar los cinco libros encuadernados en rojo. Jung subió y tomó entre sus manos el segundo, el que le había indicado su amigo en la visión. Su título era *El legado de los muertos*.

Hasta aquí la historia, contada desde los ojos de Jung. Él concluía que hechos como este son signos, aunque no definitivo conocimiento, de la posible vida del alma después de la muerte.

Pero en este punto, quizá podríamos pedirle a nuestra imaginación que nos ayudara a completar esta visión de una de las figuras más influyentes de la cultura del siglo XX. Es solo una hipótesis, pero eso no la invalida necesariamente. ¿Y si reconstruimos la historia desde el visitante y no desde el visitado? ¿Por qué vuelve, y tan pronto, aquella alma? ¿Por qué escoge a Jung y no a otra persona con la que pudiera haber tenido más cercanía que con su vecino, quien ni siquiera había visitado su biblioteca? ¿Por qué le propone una ruta que acabará en aquel libro y después ya se extingue? "Objetivo cumplido", parece decir el visitante. Y, por último, ¿qué es "el legado de los muertos"?

¡Cuánta gente ha deseado una visita así a lo largo de la historia! Una señal, un indicio, un algo, de que el ser querido al que habían enterrado, seguía su camino, aunque fuera de alguna incomprensible manera. Es como aquellos versos de Antonio Machado, referidos a su joven esposa muerta, tras soñar vivísimamente en ella después de haberla enterrado:

Vive, esperanza, ¡quién sabe
lo que se traga la tierra!

¿Había alguien más, en el entorno de aquel vecino de Jung fallecido, que hubiera podido percibir su presencia si se le hubiera presentado en su nueva naturaleza incorpórea? ¿Y que en caso de notar algo se hubiera atrevido a seguirle? Es probable que no. Pero lo que es casi seguro es que aquel hombre no podía ofrecer su legado a nadie como a Jung. ¿Quién mejor que él para escribir sobre ello, y acabar transmitiéndolo a mucha más gente?

Porque el "legado de los muertos", que tan decididamente señaló el visitante mediante un libro de ese título, parece ser aquello que él acababa de descubrir tras su muerte y que, inexplicablemente para los vivos, estaba en condiciones de contar, pero sólo a alguien dispuesto todavía a abrirle la puerta.

* * *

6

Pero si está aquí

Los protagonistas eran un matrimonio de edad en Barcelona. Especialmente él, tal vez en los 85, pero muy mermado de fuerzas. Su esposa le resultaba imprescindible para renovar cada día su débil vínculo con la vida y llevarle de la cama al sillón del comedor, los dos únicos escenarios de aquel último tramo de su existencia. Hablaba poco, y sonreía cuando los nietos o un reciente biznieto le visitaban. Mientras estaba en el comedor, que era la mayor parte del día, sólo veía la televisión.

La vida de aquel hombre se había desarrollado entre la lucha por la supervivencia económica, la familia en toda su complejidad, una pasajera afición política y una prematura decadencia física. Una vida difícil y corriente a la vez, pero sin tendencias o capacidades especiales, y pronto se verá por qué lo digo.

La esposa, y cuidadora a tiempo completo, tenía una hermana, algo mayor, frisaba los ochenta, y vivía en Benidorm, a unos 400Km. Las dos hermanas mantenían buena relación, pero solo telefónica. A ninguna le era fácil desplazarse: a la una, por la situación del marido; a la otra, por una enfermedad degenerativa en los huesos, bastante dolorosa.

Un día llegó la llamada telefónica que anunciaba la muerte de esta. A su hermana le afectó mucho, y bien hubiera querido ir al entierro, pero la distancia era grande y eso suponía dejar al marido necesitado, cosa que no quería hacer.

Habló con él, le explicó que, aunque deseaba ir donde la familia de su hermana, había decidido no ir, pero que sentía mucha pena por ella y por lo mal que lo había pasado los últimos años. El marido la escuchó con su mirada acuosa, callada, lenta, y al final habló.

—No te has de preocupar de nada. Tu hermana está bien.

—¿Y tú qué sabes? –lo dijo casi sin mirarle, casi sin pensar.

El hombre respondió al momento, sin la menor duda.

—Porque tu hermana está aquí, ahora, y se la ve muy bien.

Entonces ella ya se desconcertó, pero quiso saber más y, queriendo descubrir si su marido le decía aquellas cosas sólo para tenerla contenta, le pidió que se explicara, que le diera detalles de lo que había visto.

—Tu hermana parece más joven. Y lleva un vestido estampado, marrón, muy bonito.

No hubo más. Pasaron un par de días y tras el entierro la mujer llamó a sus sobrinas para saber cómo estaban y cómo había ido el funeral de su hermana. En un momento de la conversación, recordó la supuesta visión de su marido, y sin anticipar nada les preguntó cómo la habían vestido.

—Con un vestido estampado, marrón. Estaba muy bonita.

El hombre falleció hará unos diez años. Le conocí bastante, aunque nunca me habló de esta historia. Creo que para él no tuvo mucha importancia. Su esposa y la hija de ambos me la contaron.

Él nunca antes había tenido una visión semejante, ni hablado como lo hizo aquel día.

Su vida siguió de la habitación al comedor y con la televisión encendida casi todo el día.

* * *

7

A pesar de todo, Viktor Frankl hablaba a su amada

Cuando Viktor Frankl murió en 1997 en Viena, la misma ciudad en la que había nacido 92 años antes, no hacía más que 11 meses que había impartido su última clase en la Universidad. Su energía para comunicar cuanto había descubierto con su propia vida y con sus investigaciones parecía inagotable.

Y es que ciertamente Frankl tuvo mucho que decir y fue ampliamente escuchado. Este neurólogo y psiquiatra vienés escribió 26 libros, que han sido traducidos a 18 idiomas. De uno de ellos (*El hombre en busca de sentido*) se llevan vendidos diez millones de ejemplares. Fue nombrado doctor *honoris causa* por 29 universidades del mundo entero. Durante 25 años, el profesor Frankl fue director de la policlínica neurológica de Viena y ha sido estudiado en multitud de artículos y en multitud de lenguas por sus aportaciones a la psicología. Estamos hablando del creador de la logoterapia, considerada la tercera escuela vienesa de psicoterapia (las otras dos serían las fundadas por Freud y Adler).

Estos datos, que para muchos lectores son bastante conocidos, no dan apenas idea de la gran aportación de este hombre al conocimiento del ser humano y a la superación de sus conflictos internos. Ni aun añadiendo datos como que el libro antes citado fue considerado por la Biblioteca del Congreso de Washington uno de los diez títulos que más influencia han tenido en Estados Unidos, se puede comprender cabalmente la importancia de este hombre, que apuntó al sentido que cada uno logra encontrar para su vida como el elemento clave de cualquier existencia.

Pero hubo un momento en que Viktor Frankl estuvo a punto de quebrarse por completo, y nada de este inventario de hallazgos y reconocimientos hubiera podido existir. Es de este tiempo en la vida de Frankl y de un hecho en apariencia muy pequeño, de lo que quiero hablar.

Era el año 1938 y Austria había sido invadida por los nazis. Viktor Frankl tenía 33 años y ejercía como médico en Viena, en un consultorio privado que pronto tuvo que ser cerrado. A los médicos judíos, y él lo era, se les prohibió atender a pacientes que no fueran judíos. La amenaza se acercaba inevitablemente. Frankl consiguió un visado para marchar a Estados Unidos, pero sólo para él, no para su familia. Precisamente entonces le fue ofrecida la dirección de un hospital de la comunidad cultural israelita de Viena, el Hospital Rostchild, y él la aceptó, optando por permanecer junto a su familia. Este hecho va a ser muy importante en esta historia.

Estar al frente de dicha tarea le suponía, momentáneamente, protección para él y para los suyos ante la posibilidad de ser deportados a un campo de concentración. Frankl decidió quedarse y dejó caducar su visado. Pero en el hospital ocurrió algo más. Conoció a una enfermera, llamada Tilly Grosser, y en diciembre de 1941 contrajeron matrimonio. Poco tiempo después, la situación de los judíos fue empeorando.

El hospital fue clausurado y la protección frente a la deportación de médicos, enfermeras y familiares directos se esfumó. Todo podía ocurrir y en cualquier momento.

Así fue. En setiembre de 1942, Frankl, sus padres, su esposa y la abuela de esta fueron obligados a acudir al "punto de reunión", el lugar fatídico desde el que serían llevados a los trenes que conducían a la nada, es decir, a los campos de concentración. Frankl, al igual que los demás, tuvo que despedirse de casi todo. Sólo llevó consigo una maleta, que al llegar al campo desapareció, y el manuscrito de la obra que había acabado de escribir con premura en los días anteriores: "Psicoanálisis y existencialismo", que acabó corriendo la misma suerte. No fue esto lo peor.

El tren al que fueron obligados a subir no se sabía a dónde los llevaba. Amontonados en grupos de 80 personas por vagón, algunos creían que iban a trabajar en una fábrica de municiones. Pero llegaron al campo de concentración de Auschwitz. Puestos en fila y ya custodiados por las SS, hombres y mujeres fueron separados. Frankl y su esposa tuvieron que despedirse como tantos otros.

Lo que vino después es bien sabido hoy. 1.100 prisioneros hacinados en un barracón para 200. Varios días con un trozo de pan. Cualquier cosa de valor (anillos de casado, relojes, agujas de corbata...) acababan en las manos de los guardianes. Había que quitárselo todo para enfundarse el traje del campo, y en 2 minutos; después llegaban los latigazos. Cabezas rasuradas, dormir sobre los tablones de las literas y varios hombres en cada una... Viktor Frankl lo resumía diciendo que "lo único que poseían era la existencia desnuda".

Mas no para todos fue así. Esta era la vida que esperaba a los que desde la llegada del tren fueron enviados en una dirección del campo. Muchos otros fueron enviados a un edificio con un rótulo: "Baño". Incluso se les daba una pastilla de jabón al entrar. De sus duchas, como es sabido, no salía agua. Así funcionaban los crematorios.

Para los que habían salvado aquella primera selección, estaba esperándoles una vida en condiciones extremas. Temperaturas a 20 grados bajo cero, desnutrición, enfermedades frecuentes, trabajos durísimos al aire libre, insultos, golpes... Y algo más, algo casi peor: la ausencia de noticias de los familiares. En el caso de Frankl, eran sus padres, y era su joven esposa Tilly. ¿Cómo sobrellevar todo aquello?

Viktor Frankl lo cuenta en su libro *El hombre en busca de sentido*. Estas son sus palabras:

> *Mientras marchábamos a trompicones durante kilómetros, resbalando en el hielo y apoyándonos continuamente el uno en el otro, cada uno pensaba en su mujer. De vez en cuando, yo levantaba la vista al cielo y veía diluirse las estrellas al primer albor rosáceo de la mañana que comenzaba a mostrarse tras una oscura franja de nubes. Pero mi mente se aferraba a la imagen de mi mujer, a quien vislumbraba con extraña precisión. La oía contestarme, la veía sonriéndome con su mirada franca y cordial. Real o no, su mirada era más luminosa que el sol del amanecer. Un pensamiento me petrificó: por primera vez en mi vida comprendí la verdad vertida en las canciones de tantos poetas*

> *y proclamada en la sabiduría definitiva de tantos pensadores. La verdad de que el amor es la meta última y más alta a que puede aspirar el hombre. Fue entonces cuando aprehendí el significado del mayor de los secretos que la poesía, el pensamiento y el credo humanos intentan comunicar: la salvación del hombre está en el amor y a través del amor. Comprendí cómo el hombre, desposeído de todo en este mundo, todavía puede conocer la felicidad –aunque sea sólo momentáneamente– si contempla al ser querido.*

En este punto hay que anotar que de su amada esposa Viktor Frankl se había despedido dramáticamente, al ser separados nada más llegar a Auschwitz, con estas palabras: "Conserva la vida a cualquier precio, óyeme bien, a cualquier precio". Frankl se adelantaba así a los terribles pensamientos, a las dudas fatales, a los remordimientos que podrían paralizar a Tilly si se veía obligada a prostituirse con un oficial de las SS.

Un día, en uno de aquellos grises amaneceres, Frankl estaba cavando una trinchera y en voz muy baja le hablaba a su esposa. Pero se sentía acabado, sentía próxima su muerte, y entonces, hallando un resto de energía en su interior se preguntó si aquella existencia tenía algún sentido. Y de lo hondo de sí mismo oyó un "sí". En aquel mismo instante, en una franja lejana encendieron una luz, que se quedó fija en el horizonte oscuro.

Siguió golpeando el helado suelo, y siguió hablando con Tilly. El guardián soltaba sus insultos habituales y entonces algo nuevo, algo único, sucedió:

> *Volví a conversar con mi amada. La sentía presente a mi lado, cada vez con más fuerza y tuve la sensación de que sería capaz de tocarla, de que si extendía mi mano, cogería la suya. La sensación era terriblemente fuerte; ella estaba* allí *realmente. Y, entonces, en aquel mismo momento, un pájaro bajó volando y se posó justo frente a mí, sobre la tierra que había extraído de la zanja, y se me quedó mirando fijamente.*

Viktor y Tilly no pudieron reanudar su relación al final de la guerra. Ella, así como el resto de la familia, no sobrevivió al campo de concentración. No se sabe cuándo había muerto.

El libro en que Frankl dejó escrito todo esto (*El hombre en busca de sentido*) llevaba un primer título: *Trotzdem ja zum Leben sagen*, que según nos aconseja el diccionario sería: “A pesar de todo, decir sí a la vida”.

Para llegar un día a tal conclusión, Viktor Frankl habló, a pesar de todo, a su querida esposa.

* * *

8

La noche sosegada

A aquel hombre le habían detenido, secuestrado, encerrado, borrado del mapa. Lo más increíble para nuestra época es que el motivo eran algunas diferencias de pensamiento, sólo algunas. Pero estamos en el siglo XVI y los principios, sobre todo los religiosos, podían llegar a ser mucho más importantes que el simple respeto a un ser humano.

Le metieron en una mazmorra y empezó su calvario. Muchos días, sólo pan y agua. A veces, una sardina. O media. Y aún peor, sin ropa para cambiarse. Los piojos le atormentaban. El recipiente donde hacía sus necesidades no siempre se lo retiraban. El mal olor era mareante. Apenas llegaba la ventilación o la luz a aquel agujero negro. Aunque no fuera lo peor, el trato podía llegar a ser de menosprecio y burla. Ni pensar en poder leer nada, como aquel hombre tenía por costumbre.

¿De qué forma pudo soportar tal crueldad durante ocho meses?

Es importante que sepamos que era persona de gran vida interior. Religioso, sí, pero además con una intensa vida espiritual, pues una cosa y otra no siempre van unidas.

Probablemente no erraremos si le imaginamos, en aquellos interminables días, semanas, meses de penurias y extrema soledad, cerrando los ojos y viviendo muy adentro de sí mismo otra vida secreta, libre, rica en compañía y consuelo. Pero, ¿de qué forma esto fue así? Sigamos su biografía.

Avanzado su cautiverio, le cambiaron el carcelero, y era el nuevo de mayor humanidad que sus antecesores. Le permitió algún paseo fuera de la celda, mejoró el trato y parece ser que le proporcionó papel y pluma, como el preso le había rogado. Este comenzó entonces a ver posible la fuga. Y así fue que una noche consiguió deslizarse abajo del muro de la prisión suspendido en unas telas que había ido atando. La fortuna le ayudó y pudo llegar a un convento cercano, donde las monjas le reconocieron y escondieron, hasta que días más tarde pudo huir definitivamente muy lejos de allí.

Lo más notable de esta historia quizá sea lo que viene a continuación. No se sabe con exactitud si en su evasión salvó escritos algunos versos que había ido componiendo en su cautiverio o es que andaban todos refugiados en su memoria, que era muy notable. El hecho es que una de las primeras cosas que hizo al llegar al convento fue ir recitando hasta treinta estrofas, llamadas liras, de cinco versos cada una, a una monja que los iba copiando. Y esos ciento cincuenta versos, hijos de su dolor y apartamiento del mundo, comenzaron a circular en manuscritos varios.

¿Qué tipo de poesía engendró aquel cautiverio extremo? La obra comenzó a nacer en prisión en 1578 y anduvo circulando en bastantes copias hasta 1630, cuando por primera vez fue libro. Leo algunos de sus versos ahora, sin dejar de pensar que esto es lo que *vio* un hombre que malvivía en una celda sucia y aislada del mundo, cuando cerraba los ojos y algo bien distinto se le ofrecía.

¿A dónde te escondiste,
Amado,y me dejaste con gemido?
Como el ciervo huiste,
habiéndome herido;
salí tras ti clamando, y eras ido.

Pastores los que fuerdes
allá por las majadas al otero,
si por ventura vierdes
aquel que yo más quiero,
decidle que adolezco, peno y muero.

Esta *historia de amor* es y no es tal, pues el texto lleva un título imprescindible para el buen entendimiento de su intención:

Canciones entre el alma y el Esposo

Es decir, el alma del hombre busca vivamente el encuentro con el Amado, que en este caso es la divinidad. Llegados a este punto, muchos entre quienes estén leyendo este escrito ya habrán reconocido a su autor, incluso desde las primeras líneas. Sí, el fraile cautivo por desavenencias con hermanos de la misma orden, los carmelitas, pero con distintas opiniones sobre cómo profesarla, los llamados calzados, no es otro que Juan de Yepes, después conocido como Juan de la Cruz y más tarde San Juan de la Cruz.

Y la obra en cuestión, el **Cántico espiritual:**

Mi Amado, las montañas,
los valles solitarios nemorosos,
las ínsulas extrañas,
los ríos sonorosos,
el silbo de los aires amorosos.

La noche sosegada
en par de los levantes de la aurora,
la música callada,
la soledad sonora,
la cena, que recrea y enamora.
(...)

Mi alma se ha empleado,
y todo mi caudal en su servicio:
ya no guardo ganado,
ni ya tengo otro oficio;
que ya sólo en amar es mi ejercicio.

Afirman todas las biografías de Juan de la Cruz que fue en agosto de 1578 cuando consiguió evadirse de la cárcel. Mas si uno lee estas estrofas que allí fue pacientemente creando, afinando las rimas, resolviendo el número de sílabas, ya siete, ya once, de sus versos, recreando ese camino del alma por valles y montañas al encuentro anhelado con la Fuente de amor hondamente presentida, hay que sacar la conclusión de que Juan de la Cruz *salió* de su prisión muchas, muchas veces, a lo largo de aquel tiempo, sin que sus carceleros pudieran darse cuenta.

Juan de la Cruz dejaba en un rincón de su mazmorra su menguado y dolorido cuerpo, y caminaba por "bosques y espesuras,/ plantadas por la mano del Amado", por un prado "de flores esmaltado", por "cristalina fuente", entre pastores, vientos, olores...

Juan de la Cruz se iba una y otra vez de su encarcelamiento, y nadie podía impedirlo. ¿Nos mostró con ello algo al alcance de todo ser humano? ¿Podemos todos, en la adversidad, no hundirnos por completo en ella, sino retirarnos hacia adentro y encontrar algo más, algo mejor, de lo que regresemos a nuestro combate más serenos, más fuertes, más libres?

Antonio Machado escribió: "Nadie es más que nadie". De ser así, Juan de la Cruz nos puede haber enseñado a muchos que nuestro espacio interior está esperándonos. En el suyo aguardaba una poesía que 440 años después se sigue leyendo, cantando y recitando. La poesía de un clásico, traducido a muchas lenguas, citado en miles de estudios y que hoy, en la era de la informática, tiene cinco millones de entradas, según me indica el buscador.

Pero esa poesía cálida y luminosa, al encuentro de la divinidad, había de ser ya irradiación de una presencia que a su celda llegaba y transformaba sus noches de tormento y abandono en "música callada", en "soledad sonora", en "noche sosegada".

* * *

9

Leyendo a Goethe la "Elegía de Marienbad"

Es difícil acercarse a Goethe sin sentir una cierta pequeñez. Quien es considerado no sólo como un autor clásico de la literatura universal, sino como primer representante de las letras alemanas, leyó, escribió, investigó y vivió lo que muchas personas juntas jamás alcanzarían.

Poeta, novelista y autor teatral, estudió y también publicó sobre Anatomía, Botánica, Mineralogía y Geología. Su *Teoría de los colores* es uno de los libros más citados, aunque controvertidos, dentro de su producción no literaria. Pero hay más. Como hombre de confianza del Gran Duque de Weimar Carlos Augusto, desarrolló en aquel ducado una tarea política de primera fila. Escribió también una obra autobiográfica, *Poesía y verdad*, y mantuvo frecuentes charlas con su fiel Eckermann, lo que llevó a que en sus *Obras completas* aparezca un título decisivo: *Conversaciones con Eckermann.* Si de otro gigante de la literatura europea, Shakespeare, conocemos bien su amplísima obra, pero mucho menos su biografía, de Goethe lo conocemos todo: su inmensa obra y su larga vida, cuyo inicio tuvo lugar en Frankfurt, el 28 de agosto de 1749, y acabó el 22 de marzo de 1832, en su casa de Weimar.

Nietzsche dijo de él: “Goethe es el último alemán por el que yo siento respeto”.

Por lo tanto, hay que escoger algún camino de los muchos que se ofrecen al visitante cuando se llega al mundo de Goethe, y el que marca el título de este escrito precisa como guía una mano de mujer. Es, probablemente, una buena manera de acercarnos a quien quiso dar punto final a su obra más universal, “Fausto”, con estas palabras:

El eterno femenino nos impulsa hacia arriba.

No se puede hablar así sin haber celebrado, y sufrido, largamente el amor a la mujer, ni sin haber sido transformado por su misteriosa fuerza. Los amores de Goethe nos son bien conocidos, desde su juventud hasta los inicios de su ancianidad. Aquí sólo apuntaré cuatro nombres. Tres damas, de relevancia muy distinta en su “impulso hacia arriba”, y un sueño, aunque muy real, que a punto estuvo de hundirle.

En 1772 conoció a la prometida de un amigo, Charlotte Buff, de la que se enamoró. Ella acabó casándose con su novio. Dos años más tarde, aparecía su obra más romántica y la de mayor éxito popular, “Las penas del joven Werther”. La amada del protagonista, no por casualidad, se llamaba Lotte. Werther la describe cortando rebanadas de pan para sus hermanos. Esta fue también la primera imagen que tuvo Goethe de Charlotte Buff, quien tenía que cuidar de sus hermanos pequeños, huérfanos de madre.

Carlota von Stein apareció en su vida en 1775. Tenía ya entonces siete hijos de un matrimonio infeliz. Goethe le llegó a escribir 1700 cartas y notas. Las de ella se han perdido en su casi totalidad. Para algunos biógrafos, fue una relación platónica. No para todos. En la gran influencia recíproca hay total coincidencia. Siete años mayor que él, murió cinco años antes. Sus respectivas casas en Weimar estaban muy cerca. Por tal motivo, y para ahorrarle una última tristeza, ella dejó escrito en su testamento que su cortejo fúnebre no pasara por delante de la mansión de Goethe.

Christiane Vulpius fue probablemente la mujer más inesperada en el corazón del poeta. Corría el año 1788 y Goethe hacía poco que había regresado a Weimar tras un viaje de dos años por Italia. Estando un día en un parque del ducado, donde era una figura conocida e influyente, se le acercó una joven que trabajaba en un taller de confección de flores para vestidos y cortinajes y le suplicó que diera trabajo a un hermano suyo, que vivía en la mayor pobreza. Era una muchacha sencilla, alegre, amante del baile, con muy pocos estudios, huérfana de padre, habitante de un mundo desde el que la aristocracia del dinero y la cultura se veían muy lejanos. Goethe quedó prendado y pronto iniciaron una relación sin trabas, a la que aludió con estas palabras:

> *Múltiples efectos causan las flechas del amor: unas rasguñan, y su lento veneno enferma largo tiempo el corazón. Pero otras penetran en la médula, inflaman la sangre, y a la mirada –como en aquellos tiempos en que dioses y diosas se amaban– sigue el deseo, sigue deleite al deseo.*

Pese a la inicial discreción, se acabó sabiendo en Weimar que Goethe vivía con una mujer con la que no estaba casado. No le importaron los juicios, los comentarios ni el escándalo. Se encerró en su casa con ella y continuó su obra literaria y sus investigaciones sobre los colores, la luz, las plantas...

En sus versos respondió al vacío con que casi todo Weimar le pagó por su insolencia de vivir fuera del matrimonio y con una mujer alejada de su condición social:

Ahora tardaréis en descubrir el refugio que Amor, con regia protección, me ha dado. Aquí me cubre con sus alas; la amada no teme las airadas maledicencias.

Sin embargo, un día Goethe decidió proponerle matrimonio. En cierto sentido, había descubierto más hondamente quién era su amada Christiane. La causa es bien conocida.

Era el año 1806. Las tropas de Napoleón ya habían llegado victoriosas al centro de Alemania. En octubre los ejércitos prusianos, y con ellos el Gran Duque de Weimar, son derrotados en Jena. Weimar es conquistada por los franceses el 14 de octubre. La misma noche, la gran casa de Goethe se llenó de algunos ciudadanos del ducado en busca de refugio y de soldados franceses. Dos de estos acabaron borrachos y, con las armas en la mano, subieron a su dormitorio en actitud violenta. Él fue sorprendido por la irrupción, pero Christiane, que había seguido a los soldados, se interpuso, les echó de la habitación y bloqueó la puerta. Pocos días después se casaron y en los anillos Goethe hizo grabar la fecha del incidente, transformada ya en recuerdo de un gran acto de amor.

Tendrían cinco hijos, pero sólo uno sobreviviría: August, quien acabaría haciéndole abuelo de tres nietos, fruto de su matrimonio con Otilia, en cuyos brazos precisamente moriría Goethe, un día de marzo de 1832. Sin embargo, su querida Christiane le había precedido bastante antes, en junio de 1816. Su dolor quedó así escrito:

A mi alrededor, el silencio de la muerte y el vacío.

Nuestro recorrido –incompleto– por la pasión amorosa del sabio de Weimar está llegando a su fin, mas un acto decisivo aún ha de tener lugar: el que llevó a Goethe a escribir una de sus obras poéticas más celebradas, "Elegía de Marienbad". Y el que le tuvo a punto de ser abatido por el eterno femenino.

1823. Era el tercer año consecutivo que Goethe pasaba el verano en el balneario de Marienbad. Algo nuevo le estaba sucediendo. Se lo explicaba en una carta a su gran amigo, y músico, Zelter, que pronto cobrará protagonismo en esta historia:

> *Esta temporada en Marienbad, que tan corta se me ha hecho, me he sentido alegre, y como si hubiera vuelto a la vida.*

Y aludía a la importancia que la música estaba volviendo a tener en su alegría, tras dos años ausente de ella. En Marienbad había conciertos, bailes, jolgorio, charlas, bullicio... y una joven, llamada Ulrike von Levetzov. Ella, su hermana y su madre, a quien Goethe conocía de mucho tiempo atrás, eran compañía habitual del poeta y causa de aquel "volver a la vida". Pero el sentimiento íntimo de Goethe se desbocó:

> *¡Si alguna vez amor entusiasmó a un amante,*
> *ello ocurrió conmigo del modo más hermoso!*
>
> —Elegía de Marienbad

Acabado el veraneo en Marienbad, madre e hijas regresan a Karlsbad. Goethe las sigue y se aloja junto a ellas. Prosigue sus encuentros, las conversaciones, y su pasión por Ulrike cada día crece más. Hasta el punto de que propondrá al Duque de Weimar, su amigo de tanto tiempo, que hable con la madre de Ulrike para pedirle su mano. Era un hombre de 74 años. Ella, una muchacha de 17. La petición desconcertó a la familia. La madre llegó a preguntar a su hija si ella deseaba ese matrimonio. La hija preguntó a la madre si ella quería que se casase con aquel gran hombre. Todas respetaban a Goethe. Y le querían. Pero nadie le veía como esposo de Ulrike. Ella sólo sentía el afecto que se puede sentir por un padre.

La respuesta a la petición de mano fue negativa, aunque delicada en la forma. Había que evitar herir a Goethe. Él aún permaneció en Karlsbad desde el 25 de agosto hasta el 5 de setiembre. Nada más se dijo sobre aquella pretensión. Coincidieron aquellos últimos días con el aniversario de Goethe. Y se celebró. Y Ulrike y su hermana le regalaron un vaso con sus nombres grabados, vaso que él conservaría hasta su muerte en su mesa de trabajo. Y hubo música y flores y pastel de cumpleaños y unas botellas de su vino preferido. La señora Levetzov quería que Goethe partiera con un buen recuerdo. Más no podía hacer. Él, por su parte, sonreía y daba las gracias por las atenciones. En su interior, el drama estaba a punto de estallar con toda su fuerza.

El 5 de setiembre inicia el viaje de regreso a Weimar. Era un día otoñal, ventoso y frío. En la calesa le acompañan su sirviente y su secretario. Ellos serán testigos de que, en aquel trayecto, sin apenas palabras, Goethe escribía y escribía.

¿Qué he de esperar ahora de una nueva visión,
de la flor todavía cerrada el día de hoy?
Ante ti están abiertos Paraíso e Infierno;

vacilan los sentidos en mi ánimo agitado.
No puedes dudar ya: a la puerta del Cielo
ella avanza, y te quiere elevar a sus brazos.

El poeta calificó esta "Elegía de Marienbad" de "Diario de la vida interior", pero esta confesión intensa de su gozo y su tormento por haber descubierto de nuevo el amor y por tener que aceptar que no le sería posible vivirlo, estuvo siempre tratada con el rigor de una gran obra literaria. En su versión original se aprecian las estrofas regulares de seis versos, con sílabas contadas y rimas constantes. Y aunque en las traducciones se pierda casi todo ello, sí alcanzamos a captar la magnitud del sentimiento que la había inspirado:

Perdí mi mundo y me he perdido a mí mismo,
y eso que fui hasta hace poco el predilecto de los dioses;
quisieron ponerme a prueba, me entregaron a Pandora,
tan rica en bienes y más rica aún en peligros;
me empujaron hacia la boca generosa,
me separan de ella y me destruyen.

Con la privación de aquel sueño de amor, probablemente Goethe sentía que se estaba despidiendo para siempre de la mujer. Así que en lo más profundo del otoño de Weimar se vino abajo. Como un Don Quijote obligado a renunciar a sus andanzas de caballero, él también enfermó, sin que se supiera exactamente de qué. Su nuera estaba de viaje, su hijo no sabía qué hacer, los médicos no encontraban remedio. Él se extinguía. Alguien tuvo entonces la idea de informar al que en aquellos momentos era su mejor amigo: el músico Zelter, a la sazón director del Real Instituto de Música Sacra de Berlín. Zelter había iniciado una gran amistad con el poeta en 1799, a raíz de haberle dado a conocer la música que había compuesto para dos poemas suyos. Cuando llegó a la casa del amigo enfermo, pronto captó la situación, y lo dejó escrito en una carta:

> *¿Con qué me encontré? Pues con alguien que parece que no tenga más que amor en el cuerpo, todo el amor y todos los sufrimientos de la juventud.*

Y por alguna razón misteriosa, a Zelter le fue concedida la fortuna de dar con la medicina que nadie encontraba. Se quedó varias semanas con Goethe y le leía, una y otra vez, los versos de su "Elegía de Marienbad". Pronto debió de sentir algo el poeta. Le dijo a Zelter que tenía buena voz, que leía muy bien sus poemas. Le pidió que siguiera haciéndolo. Zelter tomaba aquel cuaderno rojo, en que el mismo poeta había pasado a limpio su obra, y se sumergía una vez más en sus cantos:

> *Para ti es fácil, pensé entonces: por compañía*
> *te dio un dios la gracia del momento,*
> *y todos, en tu dulce compañía, se sienten*
> *prestamente favoritos de la fortuna;*
> *me horroriza la sospecha de alejarme de ti,*
> *¡de qué me sirve aprender tanta ciencia!*

Un día, incomprensiblemente, Goethe dejó de estar enfermo. Algo emergió de lo más hondo de sí mismo y curó la herida. Donde el fuego parecía definitivamente apagado, unas ascuas se movieron y encendieron de nuevo su existencia. Goethe se puso en pie y se dispuso a completar su obra.

Escribiría aún una nueva novela de su personaje Wilhelm Meister, así como la segunda parte de "Fausto". Más de ocho años de vida fértil tuvo por delante quien un día, postrado en su cama, parecía dispuesto a dejar toda esperanza, hasta que se escuchó a sí mismo en la voz de un amigo.

> *Que ningún remedio le ayude* –explicó en aquellos días Zelter–.*Que sea el propio dolor lo que le fortalezca y sane. ¡Y así fue, así es como ha sucedido!*

* * *

Pero, ¿quién fue Zelter? De las biografías que he consultado, sólo una le da un cierto protagonismo en torno a los hechos que rodearon la creación de la "Elegía de Marienbad": la de Stefan Zweig en "Momentos estelares de la humanidad". Sin embargo, quise saber más de lo que en aquel gran texto se decía sobre quien interpretó el papel de sanador –quizá algo involuntario– de aquel genio hundido.

Carl Friedrich Zelter ofrecía un perfil biográfico insuperable. Fue albañil y músico. Maestro albañil y maestro de músicos como, por ejemplo, de Mendelssohn. Enfocó definitivamente su vida hacia el pentagrama y compuso conciertos, sinfonías, obras corales, música de iglesia y canciones. De estas, algunas sobre poemas de Goethe. No se habían visto nunca, pero cuando Goethe oyó dos de ellas, quiso conocer al músico. Fue en 1799 y la amistad nacida entonces se mantuvo siempre viva. Su correspondencia alcanzó la cifra de 871 cartas. Otros músicos habían compuesto sobre textos de Goethe, y no precisamente principiantes: Schubert, Beethoven... Nada convenció tanto a Goethe como las composiciones de su amigo. El poeta no quería excesos sonoros.

Zelter decía “buscar la melodía que el poeta se representó al escribir los versos”. Dio con ella repetidas veces.

Iluminemos un poco más la figura de este hombre en aquellos días de la enfermedad del amigo. Está dirigiendo en Berlín el Real Instituto de Música Sacra cuando alguien le escribe y le explica la extrema debilidad en que se halla el poeta. Aplaza sus obligaciones y viaja a Weimar. Llega a la casa de Goethe. Nadie sale a recibirle. Él mismo abre la puerta y va penetrando en aquel hogar demasiado solitario. Habla con el hijo, August, que le advierte de la gravedad y de su impotencia ante la situación. Su esposa, Otilia, está de viaje por causas familiares. Zelter pronto comprende que Goethe no está recibiendo el afecto que necesita. Su visita no va a ser breve. Se quedará junto al amigo. Le hablará, le escuchará, tocará el piano... y le leerá los versos cuyo origen era el mismo que el de su derrota. Cuando Goethe volvió a la vida, él subió a su silla de posta y regresó a Berlín.

No quisiera acabar este recorte biográfico simplemente alabando el gesto de amistad de un hombre hacia otro. No faltaría a la verdad si lo hiciera, pero me parece que Zelter lo vivió con mucha naturalidad, como algo evidente y necesario, sin etiqueta ninguna de gran acción salvadora. Tampoco querría cerrarlo dando relevancia al hecho notable de que Zelter falleciera el mismo año que Goethe, sólo dos meses después. No sabría ahora qué hacer con este dato.

Creo, eso sí, que esta historia culmina con un gesto que valdría la pena subrayar. El gesto de regalar discretamente tiempo a alguien muy estimado. De hecho, Zelter tan sólo se sentó al lado del amigo enfermo. Sin prisas y con paciencia. Una paciencia que tal vez había aprendido ya a los 14 años cuando, iniciándose en la albañilería, descubrió que un gran muro se levanta poco a poco, y hasta una casa entera puede erigirse con perseverancia. Lo importante acabó siendo que Zelter pasó muchas horas sentado junto a la cama de Goethe. Por eso ocurrió que un día tomó el cuaderno rojo de la "Elegía de Marienbad" y se la empezó a leer.

* * *

10

Las tres vidas de Francisco de Aldana

En mi ensoñación he ido hasta un lejano campo de batalla de Marruecos y, entre los miles de cadáveres que la carnicería ha dejado, he reconocido uno, el de Francisco de Aldana. Varios días leyendo sobre él, buscando más datos aquí y allá, me han transportado, al cerrar los ojos, a este paisaje desolador de "acero ensangrentado, /hueso en astilla, en él carne molida, /despedazado arnés, rasgada malla", como él mismo había escrito un día, en versos sin fecha. ¿Por qué acabó aquí la vida de este soldado y poeta?

Es Marruecos, en concreto Alcazarquivir, cerca de Larache. El año, 1578. En este enfrentamiento perecerán también tres reyes: el sultán del bando vencedor, Abd al-Malik, el depuesto monarca marroquí, Muley Ahmed, y el rey Sebastián de Portugal, que había acudido en apoyo de este y con el objetivo de frenar la expansión turca por el norte de África y así reforzar la Cristiandad. De la muerte del rey portugués, por cierto, nacerá un mito muy popular entre los lusitanos: el sebastianismo. El rey Sebastián no habría perecido en esta batalla y un día volvería a Portugal. Fue el rey de España, Felipe II, tío del rey Sebastián, quien aceptó la petición de este de que Francisco de Aldana le acompañara en tal aventura, a la que, sin embargo, no había querido enviar un ejército, pues la aventura era un despropósito desde el punto de vista militar, como el mismo Aldana había informado al rey de España.

¿Era Francisco de Aldana un militar que escribía versos de vez en cuando? Era mucho más que una afición, según dejaron dicho algunos escritores que le sucedieron en las páginas de la Historia de la Literatura Española.

> *Único, sabio y claro Aldana.*
>
> —Cervantes

> *Tenga lugar el Capitán Aldana*
> *entre tantos científicos señores,*
> *que bien merece aquí tales loores*
> *tal pluma y tal espada castellana.*
>
> —Lope de Vega

> *Valeroso y doctísimo soldado y poeta castellano.*
>
> —Francisco de Quevedo

Por tanto, si se trata de conocer quién fue el dueño de este rostro vencido que yace ante mis entornados ojos entre tantos muertos y heridos, por fuerza algo habrá que decir sobre su vida de militar y sobre su vida de poeta. Pero, ¿cuál fue la tercera vida de Francisco de Aldana a la que se alude en el título?

> *Aldana (...) un místico al que sin irreverencia llamaríamos no profesional.*
>
> —Luis Cernuda

Militar, poeta y místico son las tres vidas que se desangraron en una batalla feroz en África, muy lejos de donde deseaba estar en aquel momento Aldana, que era el monte Urgull, en San Sebastián, como se explicará más adelante. Al abrir cada una de las tres puertas de la biografía de este hombre, nos hemos de encontrar con información muy desigual. Del militar, los datos son considerables. Del poeta, conservamos bastantes poemas, aunque no todos. Sin embargo, penetrar en la tercera puerta, la del místico, es sumergirse en una extraña niebla resplandeciente. El místico no tiene retrato ni documentos. Está en el corazón de unos versos que habrá que leer en el mayor de los silencios y con la imaginación más rigurosa de que seamos capaces, para que nos revelen algo de lo que no sabemos con exactitud. Este es el propósito final de esta historia.

El militar

Francisco de Aldana nació en 1537, probablemente en Nápoles, territorio perteneciente a la corona española. Hijo y sobrino de militares, de origen extremeño, a los tres años se trasladó con su familia a Florencia, donde creció inmerso en el ambiente renacentista de la ciudad de los Médicis. Estudió, leyó, descubrió su amor por las letras y compartió todo ello con su hermano Cosme, que tendrá un papel muy importante en su posteridad, y con otros amigos.

Pero en el siglo XVI abrazar las armas a la vez que las letras no era tan inusual como en tiempos posteriores. Varios autores clásicos de la Literatura Española lo hicieron: Garcilaso de la Vega, en su mismo siglo; Jorge Manrique, que les precedió, y el mismo Cervantes, herido en la batalla de Lepanto, a partir de lo cual abandonó la milicia, aunque más tarde alumbraría una prodigiosa criatura literaria que ansiaba tanto la literatura como el noble oficio de las armas: nuestro Don Quijote.

A los 16 años Aldana había ingresado en la carrera militar. En 1557, con veinte, tomó parte en la victoria hispánica contra Francia en San Quintín. Con 27 años ya era capitán y tenía fama de buen guerrero. Ejercía su oficio en Florencia, pero por pocos años. En 1567 comenzó una nueva etapa. Marchó, a las órdenes del Duque de Alba, a los Países Bajos. La parte más terrible de la vida de milicia se iba a destapar con máxima hostilidad. La guerra por preservar aquellos territorios del Imperio Español, entonces en parte protestantes, sería larga y sanguinaria. Ochenta años más tarde, en 1647, obtuvieron la definitiva independencia.

Nos interesa retener este periodo de su biografía (1567-1576), que solo se interrumpirá con una breve estancia en la España peninsular y en el Mediterráneo, pues Aldana se convertirá en los Países Bajos en un hombre maduro, ahondará en su interior y decidirá cómo quiere vivir lo que le reste de vida, que acabarán siendo tan sólo dos años más.

La guerra era la constante en Flandes. Y frecuente era el descontento de los tercios españoles, que podían ver como se retrasaba la paga pero no la orden de ofrecer sus cuerpos al combate. Unos versos de Aldana retratan el momento nocturno en que el centinela da la voz de alarma ante el ataque inesperado del enemigo, y las maniobras guerreras que después tienen lugar:

Aquél toma el escudo, este el estoque,
este y aquél la lanza, otro la pica,
otro la espada, ese otro el instrumento
que relámpago, rayo y trueno junto
echa de sí con daño de mil vidas.

En mayo de 1571 fue licenciado de su destino en los Países Bajos y pisó suelo castellano. No permaneció por mucho tiempo en Madrid, pues al año siguiente lo encontramos a las órdenes de Don Juan de Austria, reciente vencedor de los turcos en Lepanto. Pero en ese mismo 1572 empeoró la situación en los Países Bajos y Aldana fue reclamado de nuevo en ese frente. Como general de artillería participó en los combates de Harlem y Alkmaar, siendo en este sitio herido de gravedad. Siete meses le llevó recuperarse de la herida en aquella batalla perdida por los tercios. Durante su convalecencia, el Duque de Alba, con quien le unía una muy fluida relación, fue destituido. Luis de Requeséns tomó el mando. Probablemente en ese tiempo ya su energía militar se estaba acabando, pero aún debió quedarse en aquel frente dos años más en los que vivirá la derrota de Leiden. No es hasta 1576 cuando por fin consiguió regresar a Madrid, de lo que tenemos noticia en una carta muy significativa que le escribió a su superior máximo, Luis de Requeséns:

Veo que el hábito de mi soldadesca ya se rompió y me será fuerza procurar otro de más seguridad.

Una misión en San Sebastián le lleva a conocer el monte Urgull y el pequeño castillo en su cima. Una idea se abre paso en Aldana: aquel podría ser el lugar donde desaparecer del mundo. Mas pronto el rey Felipe II le encarga una extraña misión. Viajará de incógnito, de hecho como espía, al norte de África, a la zona de Fez. Ha de informar del potencial de los militares mahometanos, que se reveló muy importante. El rey quería disuadir a su sobrino, el rey Sebastián de Portugal, de su idea de invadir la zona. Aldana acudió a la entrevista con el rey luso con tales noticias, pero la sintonía entre ambos parece que fue importante, y los datos no desanimaron a aquel singular monarca portugués de 23 años, llegado al trono sin haber nacido (su padre había fallecido dos semanas antes de su alumbramiento), que no quiso contraer matrimonio y que vivía inmerso en el fuego de la misión de poner freno al avance turco por el norte de África. El hecho es que solicitó a Aldana que le acompañara un año más tarde en el ciego proyecto y, llegado el momento, escribió al rey Felipe II haciendo oficial su solicitud. La entrevista había tenido lugar en el verano de 1577. La expedición se realizaría el verano de 1578. Aldana acabaría fundiendo su destino con el del joven y vehemente rey de Portugal.

¿Qué hizo Aldana en el año que le quedaba de vida? Sospechara o no que estaba agotando su tiempo, Aldana llevó una doble vida. Por una parte, ejerció su tarea militar en la fortaleza del monte Urgull. Por otra, quiso vivir sin más demora su apartamiento del mundo. Escribió una larga carta en verso a su amigo Arias Montano, uno de los sabios humanistas de la época. En ella se revela con precisión el estado del alma de Aldana en aquel momento. Y escribió un memorial al rey solicitándole "merced de la Mota de San Sebastián". En noviembre de ese año, 1577, se le concedió el puesto.

Allí debió de conseguir, durante unos meses, poner fin al desasosiego que arrastraba desde hacía mucho, y que había reflejado en sus versos.

El ímpetu crüel de mi destino
¡cómo me arroja miserablemente
de tierra en tierra, de una en otra gente,
cerrando a mi quietud siempre el camino!

Por poco tiempo. En julio de 1577, y tras recibir varios requerimientos del rey Sebastián, Felipe II ordenó a Francisco de Aldana que fuera a Madrid y desde allí se incorporara como consejero militar a la expedición del norte de África. Lo que vino después ya nos es conocido.

El poeta

¿Qué hace un poeta que no ejerce de tal, sino que ha de estar presto al combate, hoy en un frente, mañana en otro, con lo que va escribiendo? Probablemente perder parte de su obra en las trincheras. Este fue el caso de Aldana. Nos han llegado noventa composiciones suyas, pero todo indica que había más. Y nos han llegado porque, tras su muerte, su hermano Cosme fue recogiendo todo lo que encontró y lo dio a la imprenta tal como lo fue recopilando. ¿Con qué orden? Con ninguno. Aldana no había puesto fecha en casi ningún texto, con lo cual apenas era posible relacionar vida y obra. Uno no puede menos que preguntarse por qué actuó así. Todo parece indicar que no pensaba en pasar a la posteridad como hombre de letras. Seguramente escribía para destinatarios cercanos, o para su propia intimidad, quizá compartida en algunos momentos.

Y, sin embargo, acabó recibiendo el elogio de los más grandes del Siglo de Oro Español, y después de la Generación de Lorca y Cernuda, ya en el siglo XX.

En sus sonetos, canciones, coplas, octavas y epístolas, Aldana revela su afán en cada momento, sus descubrimientos, sus convicciones, sus experiencias, sus anhelos. Nos llegan sus intensas vivencias, pero nos es difícil saber cuándo o por qué agitan su existencia.

Puede ser el amor:

Por vuestros ojos juro, Elisa mía,
(así con larga paz el cielo amigo
pueda volver de nuevo a ser testigo
de aquel morir do vida se incluía)
que así cesó del monte el alegría,
desque cesaste vos de estar conmigo (...)

Puede ser la guerra, fiel compañera, aunque más tarde aborrecida:

Otro aquí no se ve que, frente a frente,
animoso escuadrón moverse guerra,
sangriento humor teñir la verde tierra,
y tras honroso fin correr la gente;
este es el dulce son que acá se siente:
"¡España, Santïago, cierra, cierra!",
y por suave olor, que el aire atierra,
humo de azufre dar con llama ardiente.

O el desasosiego que anunciaba la necesidad de una nueva vida:

No halla la memoria o la esperanza
rastro de imagen dulce y deleitable
con que la voluntad viva segura:
cuanto en mí hallo es maldición que alcanza,

muerte que tarda, llanto inconsolable,
desdén del Cielo, error de la ventura.

Es una breve muestra, pero podrían ser tres marcas de un itinerario biográfico ordenado en el tiempo. La juventud en Florencia y el amor. La plenitud del militar entregado a su misión. La madurez del hombre (quizá en torno a los 35 años) que hace balance y escribe sobre la carencia de sentido en su vida. ¿Qué vendría después? Muy probablemente este soneto, que lleva todo el aliento del hombre cansado que mira hacia un nuevo lugar interior, y exterior, el monte Urgull, en el que poder renacer.

En fin, en fin, tras tanto andar muriendo,
tras tanto varïar vida y destino,
tras tanto de uno en otro desatino
pensar todo apretar, nada cogiendo,

tras tanto acá y allá yendo y viniendo
cual sin aliento inútil peregrino,
¡oh, Dios!, tras tanto error del buen camino,
yo mismo de mi mal ministro siendo,

hallo, en fin, que ser muerto en la memoria
del mundo es lo mejor que en él se asconde,
pues es la paga dél muerte y olvido,

y en un rincón vivir con la vitoria
de sí, puesto el querer tan sólo adonde
es premio el mismo Dios de lo servido.

Estos son los versos de quien tiene mucho ya vivido. Hasta cinco veces utilizará la expresión “tras tanto”. Y son los versos de quien va a llegar a una conclusión: hasta tres veces dirá "en fin". ¿Cuál es el giro que busca para su vida? "Ser muerto en la memoria del mundo", que en su caso sería el abandono de la guerra, la diplomacia, los éxitos. Y encontrar un "rincón" para vivir cerca de Dios.

Este poema tardío nos ha llevado a la cima del monte Urgull, donde consiguió finalmente vivir unos meses de sosiego, y también a la tercera puerta de las vidas de Aldana: la del místico.

El místico

En el año 1577, unos diez meses antes de morir, Aldana escribe una carta en verso a su gran amigo Benito Arias Montano, a la que antes ya se hizo referencia. Es una epístola escrita en versos de 11 sílabas y estructurada en estrofas de tres, los llamados tercetos encadenados. En ella explica cómo se siente, qué pretende hacer con su vida y en qué lugar desea cobijarse. E invita a Arias Montano a compartir con él ese retiro.

Pero la "Epístola a Arias Montano", subtitulada "Sobre la contemplación de Dios y los requisitos della", habla de algo más, y esta es la sorpresa que estos versos van a revelar. En sus momentos de quietud, Aldana ha alcanzado un "lugar", un espacio interior, donde ha hallado destellos de una belleza y un sosiego nuevos. Y esto ha sido así porque, en su visión de tal experiencia, el alma se ha hundido "toda en la divina fuente".

Lo que ha ido descubriendo el alma de Aldana sobre la posibilidad de sentir el calor y la paz que emanan del origen divino del ser humano, se va manifestando en numerosos versos de esta carta. El mundo no parece que tuviera noticia alguna de esta escondida senda de Aldana. La tercera vida de este capitán está aquí, asomando entre estrofas perfectamente medidas. En sus versos me apoyaré para reconstruir, para esbozar al menos, lo que pudo ser la vida del místico que Aldana también fue.

A poco de comenzar la carta, Aldana refleja sin adornos su estado presente:

yo soy un hombre desvalido y solo

Para, a continuación, apuntar la posible causa, que no ha desaparecido pues escribe en presente:

Oficio militar profeso y hago,
¡baja condenación de mi ventura!,
que al alma dos infiernos da por pago:
los huesos y la sangre que Natura
me dio para vivir, no poca parte
dellos y della he dado a la locura

Pero no se alarga en el lamento. Zanja la queja, anota poéticamente su edad presente, de 40 años, "cuatro veces ciento y dos cuarenta vueltas dadas miro del planeta septeno al firmamento", y expone claramente el giro que ha decidido para su vida:

pienso torcer de la común carrera
que sigue el vulgo y caminar derecho
jornada de mi patria verdadera;
entrarme en el secreto de mi pecho
y platicar en él mi interior hombre,
dó va, dó está, si vive, o qué se ha hecho.

Lo cual espera realizar en aquel lugar solitario.

Y porque vano error más no me asombre,
en algún alto y solitario nido
pienso enterrar mi ser, mi vida y nombre.

Aldana no tiene dudas del fruto de ese recogimiento que le espera:

y, como si no hubiera acá nacido,
estarme allá, cual Eco, replicando
al dulce son de Dios, del alma oído.

¿Qué sería el "dulce son de Dios"? ¿Tenía ya experiencia de ello? Esta sería la pregunta clave para el acercamiento al Aldana místico. Sólo podremos descubrirlo al ir encontrando numerosos versos inspirados claramente en esta vivencia espiritual.

Hay para Aldana una "eterna Beldad", de la que procede el alma humana. Y afirma que el alma

antes que del Señor fuese crïada,
cómo no fue ni pudo haber salido
de aquella privación que llaman nada

Lo que le inspira agradecimiento:

y diga a Dios:"¡Oh Causa del ser mío,
cuál me sacaste desa muerte escura,
rica del don de vida y de albedrío!"

El alma humana, pues, aunque también su cuerpo temporal, ha sido decisión, regalo, de la voluntad de otro Ser. Y este origen divino está en ella. ¿Cómo reconocerlo? Según

Aldana, que parece aquí demostrar gran conocimiento, no hay que desvivirse en la búsqueda de esta experiencia.

Así, que el alma en los divinos pechos
beba infusión de gracia sin buscalla,
sin gana de sentir nuevos provechos,
que allí la diligencia menos halla
cuanto más busca, y suelen los favores
trocarse en interior, nueva batalla.

Y la mejor forma de que este conocimiento del origen del ser humano se produzca, son para Aldana la quietud y la espera:

Digo que, puesta el alma en su sosiego,
espere a Dios cual ojo que cayendo
se va sabrosamente al sueño ciego.

El gozo que este contacto divino puede ofrecer, lo intenta reflejar, bien que pálidamente, con una referencia histórica, contemporánea al poeta, que tal vez nos sorprenda:

¡Oh grandes, oh riquísimas conquistas
de las Indias de Dios, de aquel gran mundo
tan escondido a las mundanas vistas!

Esta es sin duda la vía y la vida del místico, a cuya alma en esta disposición

(...) poco a poco le amanezca el día
de la contemplación, siempre cobrando
luz y calor que Dios de allá le envía.

Llegados a este punto, uno no puede menos que preguntarse cuándo y dónde un militar tan activo como este pudo encontrar espacio y tiempo adecuados para vivir esta tercera vida. Los silencios fecundos, los destellos de luz, los gozos de una paz y un conocimiento superior, tuvieron que producirse en las entrañas de su agitada vida de militar, que nunca acabó, y sí acabó con él. En alguno o varios de estos hechos de su biografía debieron de coexistir el militar, el poeta y también el místico:

> En las amenazadoras noches de Flandes, entre el sueño y la tensión de un posible ataque nocturno del enemigo.
>
> En los meses de convalecencia por las heridas del mismo frente de combate.
>
> En los largos viajes atravesando Francia para llegar a Madrid o regresar a los Países Bajos.
>
> En el Mediterráneo, combatiendo al turco con Don Juan de Austria.
>
> En el viaje de ida y vuelta a Lisboa para informar al rey de Portugal de las dificultades de atacar el norte de Marruecos.

O quién sabe en qué otros paréntesis de aquel oficio, de aquel destino, consagrado a la pelea, de quien iba descubriendo en la quietud "el divino centro, glorioso origen del contento". En estas y en otras ocasiones tenía Aldana que abstraerse de todo cuanto le solicitaba su dedicación a las armas y desaparecer hacia adentro y hacia arriba, por unas horas, quizá menos. Y, según se desprende de la obra comentada, una presencia y una revelación a menudo le aguardaban.

He aquí al "místico no profesional", como le nombró el poeta Luis Cernuda. No se trataba de un monje caminando con el pecho silencioso por el claustro amable de su monasterio. Se trataba de un guerrero, agotado hacia el final, pero no tanto como para no cumplir su última misión y adentrarse en la que sería su última batalla, en el norte de África, espada en mano, según testigos alcanzaron a ver y a contar.

Más allá de la tristeza que este desenlace puede dejarnos, yo quiero anotar el lado oculto y luminoso de esta vida. Y subrayar el hecho de que este descubrimiento espiritual Aldana lo va realizando inmerso en lo que hoy llamamos vida cotidiana. La suya tan diferente de la nuestra, en general. Pero quizá Aldana anticipa así una figura hoy más imaginable que en su tiempo: la del hombre o la mujer dedicados al trabajo, a la familia, al estudio, a los conflictos sociales, en cuyo interior habita un monje que también tiene su momento y que no renuncia a un conocimiento trascendente. No olvidemos que Aldana escribió todos los versos que antes se han comentado sin haber alcanzado aún aquel retiro, "en solitario nido", que tanto anhelaba.

Creo que Francisco de Aldana vio un día frente a él una "escalera" que llevaba a lo más alto de una extraña y bella fortaleza, cuya cima no alcanzaba el ojo humano. Pero hombre de condición tenaz y apasionada, decidió subir y atravesar la oscuridad.

Llegado a su final, debió de hallar una puerta abierta, como esperándole.

* * *

11

Sigues siendo tú

Siempre el mismo ritual cuando su padre acababa la sesión de radioterapia. Remontaban el sótano del viejo hospital con aquel ascensor imprevisible, avanzaban cuidadosamente hasta la calle y él le dejaba junto a un inmenso y vigilante árbol, por si el hombre se cansaba de apoyarse en el bastón, mientras iba a por el coche.

Y la conversación, siempre tan parecida. "Bien, me ha ido bien". "¿Hoy te ha tocado la rubia?" "Sí, es la que más me gusta. Es muy campechana". "¿Notas algo?" "Nada, no me noto nada". "Estupendo. Y además te han cogido enseguida". "Sí, fíjate, son las siete y ya hemos acabado". "Mamá se va quedar de piedra cuando vea que estamos de vuelta". Él pensaba a veces que aquel cuerpo extraño que le habían encontrado a su padre en un pulmón apenas pintaba nada en el día a día. Habían conseguido que el problema se redujera a conseguir aparcamiento cerca del hospital, a que le tocara la enfermera simpática, a no notar molestias y a acabar lo antes posible. El póker del éxito en aquellos días de terapia oncológica. Del éxito momentáneo. Pero, ¿quién quería mirar más allá de aquellas sesiones?

Ochenta y cinco años suele considerarse una edad razonable para vivir la vida cerca de la rampa de salida. Pero cuando él recogió un mes antes los resultados que habían fotografiado aquella sombra inquietante en un rincón del pecho de su padre, se le vino el mundo encima. ¿Así que a su familia también le había llegado aquella enfermedad? ¿Por qué no lo había previsto? ¿Qué les decía a sus padres? ¿Cómo medir la información para no engañar y para no dañar? ¿Era eso posible?

Su padre había sido el hombre de confianza de un notable abogado. Comenzó como pasante cuando ambos eran jóvenes. Y se jubiló oficialmente poco antes de que lo hiciera el abogado, que acabaría dejando el bufete a su hijo. Pero allí nadie se jubiló del todo. El fundador seguía yendo cada día a supervisar, a orientar, a corregir, incluso a reñir a su sucesor. Y el que fuera pasante mantenía su mesa, revisaba a diario el BOE y suministraba información al hijo sobre antiguos clientes que aún lo eran. Junto a la lealtad al abogado, dos virtudes cimentaron la confianza en su trabajo durante cuarenta y cinco años. Una letra exquisita, como de amanuense medieval, imprescindible en los principios del bufete, y una memoria prodigiosa que recordaba datos perdidos sobre asuntos y personas lejanos. Seguir a ratos en su mesa de siempre era una forma de seguir en el mundo. Incluso en aquellos días de radioterapia, el hijo acompañaba a su padre dos mañanas por semana al despacho. Tal vez formara parte de la curación. Recluirlo en casa seguro que le hubiera hundido.

Cuando acabaron las sesiones previstas, el radiólogo prescribió un mes de descanso, tras el que habría que hacer un TAC, y según hubiera ido la evolución del tumor, ya decidirían. Se sumergieron, pues, en una nueva rutina casi parecida a la vida anterior a la enfermedad, de la que, por cierto, seguía sin hablarse. Dos pequeñas novedades vinieron a incordiar el plan de calma absoluta. Unos escozores a los que había que aplicar cremas dos veces al día y un cansancio, al que llamar ligero no era del todo exacto.

* * *

Hay días en la vida que se nos caen encima sin avisar y no es posible ni apartarse, ni echarle la culpa a nadie. Cuando fueron a la visita tras el mes de descanso, en ningún momento habían previsto la cara seria del médico al repasar el informe del TAC. Dijo que lo del pulmón había reducido su tamaño, pero que habían encontrado algo en el hígado. Y les remitió a cuidados paliativos. El padre no pareció entender mucho lo que pasaba. Para el hijo, aquello fue demasiado. Él no quiso alargar la conversación con el padre delante. Este le dio las gracias al doctor, como nunca olvidaba hacer, y salieron del despacho, pero ninguno de los dos sabía exactamente adónde ir. De momento a casa, que parecía el lugar más seguro. Pero el hijo necesitaba saber más y enseguida ideó un engaño. Que se había dejado unos papeles en la consulta, que le esperara sentado en el vestíbulo y que volvía enseguida. Le salió bien la astucia, pero eso fue lo único que salió bien. A solas le aclaró el médico que no se esperaba aquello. El tumor había tenido descendencia y parecía muy agresiva. No valía la pena irradiar más. Dos, tres meses como mucho. Ya verían que era buena gente la del equipo de curas paliativas.

Llevó a casa a su padre explicándole que lo del pulmón estaba mejor y que de momento no querían hacerle más radiaciones. Y que los nuevos médicos cuidarían de que tuviera las mínimas molestias. Al padre le pareció bien el plan y no hizo preguntas. Nunca las hacía. Sólo le dijo si le iría bien llevarle al día siguiente al despacho. Había unos boletines que quería revisar cuanto antes.

Fue un poco extraño lo que le sucedió al hijo tras dejar a su padre en casa, dar una versión blanda de la situación a la madre, que tampoco hizo preguntas, y comer deprisa, inventándose una reunión de trabajo. Aquel día no soportaba mirar a sus padres con tanto engaño en el estómago. Se despidió sin llevar siquiera los platos a la cocina.

El tiempo que se les acercaba, imaginó, era como una esfinge en medio del camino. O acertabas sus dilemas o te devoraba, decía aquel monstruo. Pero a él le pareció que hiciera lo que hiciera, la esfinge no les iba a dejar seguir adelante con su vida de siempre. Se sentó en un banco y cerró los ojos. Si algo bueno podía pasarle a su padre, que le llegara en aquellos días que se estaban acercando tan deprisa. Y soltó sus palabras como quien suelta un globo rojo.

Inexplicablemente recordó entonces que la botella de aceite de oliva Carbonell de su casa estaba en las últimas. Y fue al entrar en un colmado cuando oyó con claridad total el viejo transistor de la dueña. No supo a quién entrevistaban, pero cazó al vuelo que el hombre de la radio afirmaba que tras la muerte pervive la conciencia individual y se inicia otra forma de existencia. Por un momento no supo qué había ido a comprar. Todo en aquel día era verdad. Todo. Pero al derrumbarse un rato más tarde en su cama, no le quedaba ni un átomo de nada.

* * *

Los avisos del médico se cumplieron. Los de curas paliativas eran gente encantadora. Y la salud de su padre se fue deteriorando sin perder el tiempo. No hubo, afortunadamente, dolores físicos importantes. Si acaso, más cansancio y, sobre todo, una gran desilusión por la comida, un dato desmoralizador en un hombre que había tenido algunas de sus mayores alegrías entre cocidos y embutidos. Pero la nota más amarga de aquel tiempo de despedida vino por donde menos se lo esperaban, y por donde nadie les había avisado.

Un día fue no recordar el nombre del abogado para el que había trabajado tantos años. Otro, el de su sobrina más querida. Un día no salía la palabra "bolígrafo". Otro, el nombre del mes en curso. El fastidio que le producía ir a por palabras que siempre le habían llegado como el rayo le fue minando. Hablaba menos y menos claro. La médica que le visitaba dos veces por semana empezó a preguntarle cosas. En qué año nació, dónde, de qué había trabajado, cómo se llamaba su esposa, su hijo. El hombre se batía como un jabato. De hecho, la primera vez se podría decir que aprobó con nota. Entre un seis y un siete, consideró el hijo, que tampoco entendía muy bien por qué estaba pasando todo aquello. Después ya supo que probablemente el cerebro había sido alcanzado por lo otro. Entonces, por primera vez, vio el final no solo inevitable sino necesario.

Y un día comprendió algo muy importante. Fue una tarde que estaban solos padre e hijo. El padre quería decirle algo pero no se le entendía. Y el hijo tuvo una pésima idea, que al principio le pareció buena. Le trajo papel y bolígrafo para que escribiera lo que quería decir. Él se puso manos a la obra y aquella letra impecable, que tanto le había distinguido como el pasante de abogado de mejor caligrafía, se convirtió en renglones torcidos, llenos más de garabatos que de palabras. El padre dejó ir el bolígrafo, herido como estaba de muerte en un órgano vital que no aparecía en ninguna radiografía. Entonces él le dijo cuánto se alegraba de que fuera su padre. Y se le reveló ese algo tan importante. Lo escribió días después.

Sigues siendo tú.
Ahí dentro estás.
Hablas y cuesta entenderte.
Has olvidado en qué año estamos, en qué calle vives.
Seguirás olvidando y confundiendo.
Tomas el lápiz y tu impecable letra tiembla, se vuelve inútil.
Te cansan tantos intentos para pedir un simple vaso de agua. Tantos intentos para seguir estando con nosotros, como siempre estuviste. No puedes comentar nada.
Pero eres tú.
Con una seguridad inexplicable, sé que eres tú. Sé que tras ese derrumbe biológico que cada día nos trae algo nuevo, estás tú y eres tú. El de toda la vida. Calladito con tu bastón, sentado en un banco y mirándonos a todos, estás ahí, en el fondo de ti mismo. Con una mirada lista y en calma. Como si esperaras un taxi privado.

Y quien te quiere y te mira sin prisa, se ha dado cuenta. Se ha dado cuenta de que estás entero, aquí, hoy. Mañana también lo estarás, aunque nadie pueda reparar esos cables sueltos de tu cerebro que no dejan de enredar.

Sigues siendo tú. Lo he sabido en un instante feliz.

Probablemente fue algo parecido a la misericordia lo que decidió ocuparse de que aquellos días de palabras mudas y preguntas sin respuestas se acabaran más pronto de lo que nadie había previsto.

* * *

12

Lo que saben los pacientes de Bernie Siegel

Quien al abrir el sobre de unos análisis clínicos se haya encontrado con términos como "adenocarcinoma" o "neoplasia", es posible que en los meses posteriores haya acabado leyendo alguno de los libros del Doctor Bernie Siegel. Como estamos ante uno de los mayores retos que la vida puede traer, entre este párrafo y el siguiente habrá más que un doble espacio. Un poquito de silencio, una respiración serena, y también un margen para la esperanza que este hombre se ha empeñado en transmitir a través de las historias de sus pacientes.

Bernie Siegel nació en Nueva York en 1932. Está plenamente activo: en su página web se anuncian sus charlas, talleres, programas de radio y apariciones en televisión. Ha publicado más de una docena de libros. Estudió Medicina, se doctoró en Nueva York y ejerció como cirujano en un hospital de New Haven, la ciudad que alberga la famosa universidad de Yale. A partir de 1989 dejó la cirugía para dedicarse de lleno a escribir, dar conferencias y trabajar con grupos de pacientes y con sus familiares, en torno al proyecto que había creado en 1978: los ECaP.

"Pacientes excepcionales de cáncer": esto son los grupos ECaP. Siegel explica que este proyecto surgió asistiendo en 1977 a un taller, al que se había apuntado según él mismo explicó "por las dificultades que se me planteaban como médico: debido a lo inadecuado de mi formación, no sabía cómo tratar a los pacientes en cuanto personas. Como muchos médicos, había levantado murallas a mi alrededor para protegerme del dolor emocional que presenciaba. Se me había preparado para tratar las enfermedades, y cuando me di cuenta de que no podía curarlas todas, empecé a sentirme un fracasado". Ese día una paciente suya afectada de cáncer de mama, que también asistía al taller, le dijo:

> —*¿Sabe usted lo que necesito saber? Cómo vivir día a día, entre una visita y otra a su consulta.*

Bernie Siegel quiso dar respuesta a aquellas palabras y para ello ideó unos grupos en los que los pacientes pudieran "hablar de su vida, hacer dibujos, convivir con su enfermedad". A sus primeras cien cartas a pacientes, sólo respondieron doce mujeres. Así empezaron. Hoy hay grupos ECaP por todo el mundo y la perspectiva de estos grupos ha influido también en la formación de profesionales de la medicina y en la atención hospitalaria. ¿Qué ocurre en tales grupos? ¿Por qué se habla de pacientes "excepcionales"?

Bernie (como él invita a que le llamen; le haré caso sólo de vez en cuando) lo ha explicado ampliamente en sus libros. Destaco tres, traducidos al castellano, aunque hay más: *Amor, medicina milagrosa*, *Paz, amor y autocuración* y *Cómo vivir día a día*. Entrar en estos libros es pasearse entre gente que ha desbordado el plazo de vida que los diagnósticos médicos les adjudicaban, o que se han curado completamente, o que, aunque hayan fallecido, han marchado de tal manera que su final no ha sido ningún fracaso. Las reflexiones de Siegel, así como las muchas informaciones sobre la relación mente-cuerpo, completan el intenso mensaje de fuerza que desprenden estas lecturas. Las historias de sus pacientes abundan en todos ellos. Como esta.

John era jardinero paisajista y amaba su profesión. Los análisis confirmaron que tenía cáncer de estómago y que había que operar. Cuando llegó a la consulta del Doctor Siegel, este estaba a punto de marchar de vacaciones y, como consideró que la operación era urgente, le propuso que ingresara en el hospital de inmediato. Pero John le dijo que no podía. ¿Por qué? Porque estaba comenzando la primavera y aquel era el momento más importante para su profesión: para embellecer el mundo, como él decía. Dos semanas después de las vacaciones de Siegel, volvió y le dijo que ya estaba dispuesto para la operación. Se recuperó muy rápidamente, pero entonces había que administrarle quimioterapia y radioterapia, pues la enfermedad no había desaparecido por completo. De nuevo dijo que él no podía estar más tiempo de baja. Seguía siendo primavera y tenía mucho por hacer. Así que John abandonó el hospital, pero el cáncer también le abandonó a él. ¿Por qué? No había respuesta. Siegel hizo en su momento este comentario:

> *John está demasiado ocupado viviendo para estar enfermo. Ese es su verdadero secreto. La cuestión es cómo lo explicamos en términos científicos. ¿Qué podemos aprender de él? ¿Hay realmente una fisiología del optimismo, la paz, el amor y la alegría?*

La respuesta a estas preguntas ha orientado la actividad de este médico. No se trata de rechazar ninguna de las terapias que la Medicina ofrece hoy. No se trata, en definitiva, de hacer como hizo en parte el hombre de esta historia no asistiendo a las sesiones de quimio y radioterapia. Se trata de potenciar la capacidad de autocuración de cada persona. Se trata de conocer la importancia que los pensamientos y los sentimientos que albergamos pueden tener en nuestra curación.

Debemos tratar de conocer a las personas a quienes cuidamos, como lo hacían los médicos de generaciones anteriores. Deberíamos conocer tanto a la persona como a la enfermedad, e interesarnos especialmente por aquellas personas que han mejorado a pesar de las probabilidades adversas.

Otra historia. Era una mujer de unos 75 años. Los médicos no le daban más que unas pocas semanas de vida. Había crecido en tiempos difíciles, con austeridad, en los años de la Gran Depresión en América. Pese a ello, su hija, en un intento de animarla, le regaló un conjunto de camisón y salto de cama, preciosos y muy caros. La mujer se quedó en silencio al abrir el paquete. ¿Le parecía inútil aquel gasto dada su situación? Miró a su hija y claramente le dijo que no le gustaba. Pero, señalando la publicidad de bolsos de un periódico, le indicó uno que sí le hacía ilusión. ¿Podría devolver el regalo y comprarle el bolso?, preguntó la madre a la hija. De entrada, la joven no entendía nada. Se trataba de un bolso de verano, ¡y estaban en enero, y con aquel diagnóstico! A los pocos minutos la hija reaccionó. Lo que su madre le estaba diciendo era si llegaría a vivir al menos seis meses. Por supuesto, le compró el bolso. El bolso se gastó de tanto usarlo y la madre cumplió bastantes años más.

"Cualquier cosa que ofrezca esperanza tiene la potencialidad de curar", comentaba Siegel. Hoy, disciplinas científicas nuevas, como la psicooncología y la psiconeuroinmunología indagan y experimentan en esta dirección. Hace ya unas décadas, la neurobióloga Rita Levi-Montalcini recibió el Premio Nobel de Medicina por su descubrimiento del NGF, o factor de crecimiento nervioso, una sustancia que el cuerpo produce de forma natural. Su comentario parece oportuno traerlo a estas líneas:

> *Siempre se ha sabido que las condiciones psicológicas afectan al bienestar de las personas por mediación del sistema inmunitario, pero jamás se había demostrado estructuralmente que hubiera alguna relación. Ahora creemos que el NGF es algo así como un mensajero que los vincula.*

En paralelo a las investigaciones, por delante de ellas en muchos casos, están estos grupos de pacientes excepcionales de cáncer (y de otras enfermedades) en los que los asistentes comparten sus vivencias del proceso en que están inmersos, se interpretan sueños o dibujos, se hace relajación, algunos se inclinan por la visualización, meditan... todo en esta línea, cada vez más consolidada, de fortalecer el sistema inmunitario, de reforzar la capacidad de autocuración del cuerpo humano, sin por ello abandonar las terapias que la Medicina pone a su alcance. Hay estudios diversos que avalan la bondad de rescatar emociones contenidas, de sacarlas a la luz y así liberar energías de curación. Por ejemplo, un estudio del psicólogo y profesor universitario James Pennebaker demostraba que tendía a reforzarse el sistema inmunitario de aquellas personas que escribían en un diario personal las vivencias de sus momentos traumáticos.

Sin embargo... también hay un final para estos pacientes valerosos. Bernie Siegel, una y otra vez, lo recuerda:

> *Mi trabajo consiste en derrotar el dolor de vivir, no la muerte, y esto todos los pacientes excepcionales lo saben.*

Una vez, Bernie tuvo un sueño. En él alguien le decía que leyera el libro *Viaje a Ixtlan* de Carlos Castaneda. Muchos conocen los libros de Castaneda en los que se narran las conversaciones y las experiencias del mismo autor con un brujo yaqui, en México, llamado Don Juan. Este le introduce en el camino de una nueva percepción de la realidad, con sus palabras, pero también con las pruebas que le propone. El hecho es que en una primera lectura, Bernie encontró en el libro un remedio para sus dolores en el cuello, pues Don Juan le dice a Castaneda que se compre una mochila y deje de llevar pesos en las manos. Era lo que Siegel también hacía y así, con la mochila inducida por el sueño, parece que se curó. Pero no quedó ahí el asunto. Siegel volvió al libro a lo largo de su vida y siguió encontrando en él algo más que aprender. Especialmente aquellos pasajes que se referían a la muerte. Este es el fragmento de *Viaje a Ixtlan* que más le inspiró. Se trata de la respuesta de Don Juan a la idea que tenía Castaneda de que era mejor no ocuparse de la muerte, porque sólo producía miedo y desánimo:

¡Eso es pura idiotez! La muerte es la única consejera sabia que tenemos. Cada vez que sientas, como siempre lo haces, que todo te está saliendo mal y que estás a punto de ser aniquilado, vuélvete hacia tu muerte y pregúntale si es cierto. Tu muerte te dirá que te equivocas, que nada importa en realidad más que su toque. Tu muerte te dirá: "Todavía no te he tocado".

Y mientras llega ese momento, los pacientes de Siegel intentan "aprender a vivir, jubilosamente y con amor". Unos prolongan su vida más de lo esperado, otros se curan, pero todos, antes o después, fallecen. Esa es la condición humana, aunque pueda no hacer falta recordarlo. Pero lo que ha ocurrido en ese tiempo junto a la enfermedad es la clave: "Los pacientes excepcionales no tratan de no morirse. Tratan de *vivir* hasta que se mueran".

Sin embargo, llega un momento en que la muerte "toca" y, ahí está el misterio, a veces parece como si lo hiciera con palabras silenciosas que sólo consiguen oír quienes ya van a comenzar su viaje definitivo. De ello tratan estas dos historias extraídas de sus libros. Una la protagoniza una anciana y la otra un niño.

Edward Salisbury trabajaba en una residencia para ancianos como auxiliar de enfermería y antes de acabar su turno a las 23h. era su costumbre despedirse de algunos residentes que insistían en que no dejara nunca de hacerlo. La señora D. no podía caminar y él cada noche la llevaba de la silla de ruedas a la cama. Después pasaba a arroparla y a darle el beso de buenas noches. En sus conversaciones ella a menudo le preguntaba si creía en el perdón.

Una noche, cuando Salisbury ya estaba en su coche para regresar a casa, oyó un grito. Era la señora D. Había olvidado despedirse de ella. Subió rápidamente y se la encontró sentada en la cama, muy inquieta. No se trataba sólo de que no le hubiera dado las buenas noches, ella tenía una especial necesidad de hablar. Le preguntó si de verdad creía que Dios lo perdonaba todo. Él muy de corazón la tranquilizó. Tenía la profunda convicción de que así sería y de que nada le impediría recibir el Amor y la Gracia de Dios. Entonces la mujer le explicó su secreto, aquello que la tenía tan inquieta desde hacía tantísimos años.

Cuando era joven había robado la vajilla de plata de su familia para poder fugarse con su novio, y ya nunca más los había vuelto a ver. Era la primera vez que se lo explicaba a alguien. Pero aquel peso lo había arrastrado siempre y temía que al final de su vida le sería tenido en cuenta. Salisbury le aseguró que lo que Dios quería era que conociera su amor cuando ese momento llegara. La mujer se tranquilizó.

Al día siguiente, al volver a la residencia, sus compañeras le contaron lo que había ocurrido de madrugada. La señora D. había cruzado andando todo el pasillo y se había dirigido al mostrador de las enfermeras. Había dejado la Biblia y su dentadura postiza porque, según dijo, no las iba a necesitar más y había regresado, también andando, a su habitación. Al poco, había muerto.

Y la segunda historia, con la que se cerrará este "Lo que saben los pacientes de Bernie Siegel", voy a dejar que la explique el mismo Bernie. No encuentro mejor manera de transmitirla.

Yo tuve una experiencia con un niño a quien había operado. Estaba en el hospital para morir, interrumpida toda terapia activa. Un día le dijo a su madre:

—Pronto me convertiré en un pajarito y me iré volando. Me gustaría que tú pudieras venir conmigo, pero no puedes.

Y durante semanas siguió así, preparando a sus padres para su partida.

Como yo había sido su cirujano, seguí visitándole regularmente, aunque como médico ya no había nada que pudiera hacer por él. Una mañana, cuando entré, en vez de pedirme, como era habitual en él, un helado o alguna otra cosa que yo pudiera llevarle, me dijo que me sentara a su lado. Entonces hizo que su madre le pusiera una cinta de vídeo de dibujos animados y estuvimos unos minutos mirándola. Cuando le dije que tenía que irme, hizo algo que no había hecho nunca: se señaló ambas mejillas, indicándome que se las besara. Y lo hice. Nunca antes se me había concedido tal privilegio, y cuando salí de la habitación me sentía muy honrado por lo que me había permitido hacer, hasta tal punto que tardé un rato en darme cuenta de que había estado despidiéndose. Quince minutos después de que yo le besara, murió. Esa fue una de las experiencias que me recordaron por qué nunca abandono a mis pacientes... porque es mucho lo que tienen para dar. El amor que dejó tras de sí aquel chiquillo me sostiene todavía.

* * *

13

En busca del presente perdido: Eckhart Tolle

Eckhart Tolle parece haber venido al mundo para repetir una idea, aparentemente muy simple, pero de incalculables consecuencias: que entre el pasado y el futuro de cada ser humano hay un lugar interior donde vivir mejor. Es el presente. Él suele llamarlo también "el ahora". La trascendencia de esta observación es enorme, como parecen ir descubriendo los millones de lectores de sus obras en todo el mundo, a medida que van experimentando por sí mismos qué aspecto de la conciencia está tocando este hombre.

Vivir en el ahora quiere decir no estar proyectado constantemente hacia el pasado o hacia el futuro por la actividad incesante del pensamiento, lo cual parece ser el hábito más arraigado del género humano. La mente, dirá Eckhart Tolle, es muy útil para resolver situaciones concretas, programar actividades necesarias, sacar conclusiones en un momento dado... pero es nefasta si no está a nuestro servicio, sino nosotros al suyo.

> *La mente es un instrumento soberbio si se usa correctamente. Sin embargo, si se usa incorrectamente, se vuelve muy destructiva. Para decirlo con*

> *más precisión, no se trata tanto de que usas la mente equivocadamente: generalmente no la usas en absoluto, sino que ella te usa a ti. Esa es la enfermedad. Crees que tú eres la mente. Ese es el engaño. El instrumento se ha apoderado de ti. (...) ¿Puedes liberarte de tu mente cuando lo deseas? ¿Has encontrado el botón para apagarla?*

El pensamiento, pues, deviene compulsivo, por regla general. Es esa voz incesante en la cabeza, que suele acompañarnos desde que amanecemos hasta que reingresamos en el sueño. Y una de las consecuencias de esta actividad es que nos lleva a una confusión lamentable: creemos que somos lo que no somos, es decir, creemos que somos lo que pensamos, e inconscientes de este error podemos pasar la vida entera, según la visión de este indagador de la conciencia.

> *La mente te está usando a ti. Estás identificado con ella inconscientemente, y ni siquiera sabes que eres su esclavo. Es como si estuvieras poseído sin saberlo, y crees que la entidad posesora eres tú. La libertad comienza cuando te das cuenta de que no eres la entidad posesora, el pensador. Saber eso te permite observar la entidad. En el momento en que empiezas a observar al pensador, se activa un nivel de conciencia superior. Entonces empiezas a darte cuenta de que hay un vasto reino de inteligencia más allá del pensamiento, y de que el pensamiento sólo es una pequeña parte de esa inteligencia. También te das cuenta de que todas las cosas verdaderamente importantes –la belleza, el amor, la creatividad,*

la alegría, la paz interna– surgen más allá de la mente. Empiezas a despertar.

A la pregunta que tanto nos repetimos de quién soy yo (insistamos en esta idea decisiva) solemos respondernos: yo soy este pensamiento, y el siguiente, y el otro y aquél que tuve, y el que tendré mañana... La voz permanente en la cabeza, el esquema de la vieja conciencia, dirá Tolle. Pero si yo no soy mis pensamientos, entonces ¿qué soy?

El que ve eso. La conciencia que es anterior al pensamiento, el espacio en el que tiene lugar el pensamiento (o la emoción, o la percepción sensorial).

Para poder acceder a esta lucidez, que es la libertad de usar nuestra mente cuando lo creemos oportuno, y no más, hay que centrarse en el momento presente, repetirá Eckhart Tolle una y otra vez y desde múltiples ángulos de visión. ¿Cómo se consigue vivir el ahora? ¿Qué ocurre cuando lo logramos?

Voy a dejar las respuestas para más adelante, pues aún no he presentado al protagonista de esta historia. La razón de no haberlo hecho al principio ha sido doble. Por una parte, Tolle se ha convertido en alguien muy popular en los últimos veinte años. Muchos lectores ya saben de él. Pero, por otra parte, Eckhart Tolle no parece que tenga especial interés en que se hable de su vida. Su intención clara es dar a conocer el mapa interior de la conciencia y cómo moverse en él para alcanzar paz y sabiduría. Sus detalles biográficos no los oculta, pero tampoco los promociona. Que no insista en referirse a un pasado (su propia vida) es bien coherente con su visión del ser humano enraizado en el presente. Pero yo creo interesante decir algo de este hombre, sobre todo porque este recorrido por lo esencial de su obra va a culminar con lo que le ocurrió cuando contaba 29 años, antes de todo esto, cuando no era Eckhart Tolle, sino Ulrich Tolle, y nada sospechaba del poder del ahora ni de lo que nos aguarda felizmente en el fondo de nuestro ser, esperando que aprendamos a descubrirlo, que es a lo que él consagra su vida desde aquel suceso que explicaré.

Tolle nació en Lünen, Alemania, en 1948. Cuando sus padres se separaron, él siguió a su padre a su nuevo destino: España. Tenía 13 años y acabó instalado en Alicante, donde el padre viviría hasta el final de sus días, muy contento con su nueva adopción. "Alicantino, borracho y fino", bromeaba el señor Tolle, y Eckhart lo contó, en un muy buen castellano, durante una conferencia en Barcelona.

Desde los 13 hasta los 19 años vivió en Alicante, sin asistir a la escuela, pero sin dejar de leer y aprender por su cuenta. A los 19 se fue a vivir a Inglaterra, dio clases de idiomas y se preparó para poder ingresar en la Universidad, lo que consiguió a los 22 años, en la Universidad de Londres. Cada año volvía a Alicante para visitar a su padre. Su vida como universitario iba bien. Recibió una beca de postgrado en la prestigiosa Universidad de Cambridge, donde ejercería la investigación. Pero su vida personal naufragaba en medio de episodios de ansiedad, depresión y miedo. Esta era la realidad de Ulrich Tolle hasta los 29.

Si damos un salto hacia adelante de 20 años, aquel joven sumido en el desasosiego, con ocasionales pensamientos suicidas, se habrá convertido en el autor de un libro llamado *El poder del ahora*, que iba firmado por Eckhart Tolle, su nuevo nombre para una nueva vida. Con 3.000 copias de inicio, el libro fue impactando a sus primeros lectores, quienes no dejaban de recomendarlo. Por último, llegó a manos de la popular presentadora de televisión en Estados Unidos Oprah Winfrey, quien le dio un gran trato. Como consecuencia la fama del autor y la de su libro se multiplicaron. Lo mismo ocurrió con otro posterior (*Un mundo nuevo, ahora*) y, en general, el mensaje de Tolle fue alcanzando una popularidad creciente. Hasta 11 millones de personas llegaron a estar conectadas a unas charlas que Tolle dio en el programa de Oprah Winfrey.

Hoy sus libros llevan vendidos más de 8 millones de ejemplares y han sido traducidos a 32 idiomas. Es el autor de temática espiritual más conocido en Estados Unidos, y algo parecido le ocurre en otros lugares del mundo. ¿Qué sucedió para que aquel hombre de apenas treinta años, que se arrastraba por la vida casi sin fuerzas, llegara a formular una nueva manera de abordar la paz interna y, sobre todo, llegara a conectar con tantísima gente que parecía, y parece, estar esperando que alguien les hable así?

> *Cuando cesa el esfuerzo compulsivo por alejarse del ahora, la alegría del Ser fluye en todo lo que haces. En cuanto tu atención se orienta hacia el ahora, sientes una presencia, una quietud, una paz. Ya no dependes del futuro para conseguir la satisfacción o la realización, no buscas en él la salvación. Por lo tanto, no te apegas a los resultados. Ni el éxito ni el fracaso pueden cambiar el estado de tu Ser interno.*

Poco propenso, como dije, a hablar de sí mismo y del pasado, Eckhart Tolle, no obstante, quiso explicar cómo empezó su nueva vida, cómo salió del pozo, rescatado repentinamente por una comprensión profunda de su estado mental, y cómo pasó de sentir su existencia como un peso insoportable a descubrir belleza en cada cosa, a cada momento, durante meses, y todavía hoy con repetida frecuencia.

Aún no había cumplido los treinta. Debió de suceder en Inglaterra, donde entonces estaba becado en una universidad. ¿Cuánto había de ansiedad, de pánico o de depresión en su cabeza en aquel tiempo? Quien ha probado algunas de estas pócimas sabe que si retornan un día y otro y otro acaban por convertir la vida en una amargura constante. La posibilidad de borrarse del mapa no estaba descartada. De pronto, una noche despertó aterrorizado. Todo lo que vio en su habitación, e imagino que todo lo que sabía que le esperaba más allá de sus cuatro paredes, le resultaba detestable y sin ningún sentido.

Entonces tuvo un pensamiento: "No puedo vivir conmigo", que le dejó perplejo. Si no podía vivir con él mismo, es que debía de haber dos "yo". Era como cuando uno dice que no puede vivir con otra persona, sólo que esa otra llevaba su mismo nombre. ¿Cuál de los dos "yo" era real?, pensó. Pero no estaban las cosas como para ponerse a analizar más. Un miedo arrasador le invadió y no supo cómo detenerlo. Justo en ese instante le llegaron unas palabras. No las pensó, sino que surgieron en su cabeza, en su pecho, él no sabía de dónde procedían. "No te resistas a nada". Y Ulrich Tolle no se resistió. El miedo fue remitiendo y esa fuerza que parecía absorberle le hizo perder la conciencia. Se desmayó o simplemente se durmió profundamente. Él no lo precisa, pero aquel episodio aterrador cesó.

Al cabo de un rato le fueron despertando los trinos de un pájaro. Con los ojos aún cerrados vio la imagen de un diamante. Abrió los ojos. Tolle aún no lo sabía, pero aquel era el inicio de un tiempo completamente nuevo para él. Su *big bang* personal. Era, en cierto modo, un resucitado.

> *Las primeras luces del alba se filtraban a través de las cortinas. Sin pensar, sentí, supe, que la luz es infinitamente más de lo que solemos percibir superficialmente. Aquella suave luminosidad que se filtraba por las cortinas era el amor mismo. Los ojos se me llenaron de lágrimas. Me puse de pie y caminé por la habitación. Reconocía ese espacio y, sin embargo, sabía que nunca antes lo había visto verdaderamente. Todo era fresco y prístino, como si acabara de venir a la existencia. Tomé algunos objetos, un lápiz, una botella vacía, maravillándome de su belleza, de la viveza de todo lo que me rodeaba.*

Durante meses Tolle vivió en un estado de dicha constante, aunque no sabía qué le había ocurrido. Fue un tiempo después, tras muchas lecturas y conversaciones, cuando comprendió. Aquel "no puedo vivir conmigo" le hizo conectar con un yo que, simple y serenamente, se daba cuenta de todo y, aunque eso no lo captó entonces, con un yo que no estaba hundido en el drama de su vida. Pero Tolle, como solemos hacer casi todos, creía en aquella época que él no era más que aquel ser atribulado, extraviado y sufriente. Lo que había experimentado de forma tan total y repentina era estar en el mundo desde la esencia del "yo", desde el Ser que nos constituye, diría él.

Pero lo más importante fue que, con el tiempo, quien ya se llamaba Eckhart Tolle (en referencia al místico de la Edad Media Meister Eckhart) fue descubriendo la manera de conectar con ese yo profundo que, en sus palabras y en las de otras tradiciones espirituales, sería nuestra verdadera identidad. Una identidad hecha de lucidez, de gozo, de belleza. Y a explicar todo ello está dedicando su vida, desde hace más de veinte años, este hombre bienaventurado.

* * *

Quedan ahora dos preguntas que dejé sin respuesta antes de entrar en la biografía de Tolle, más una que voy a añadir tras releer su relato de aquella noche clave.

¿Cómo se consigue vivir el ahora? Quien haya visto y oído a Eckhart Tolle creo que podrá confirmar algo que ya se desprende de la lectura de sus libros: es un hombre en calma, no tiene prisa ninguna y no pretende decirnos lo que hemos de pensar o creer. Él invita a experimentar su descubrimiento, de forma completamente personal. Sus propuestas tienen mucho que ver con distintas formas de meditación, incluso de relajación o visualización. El lenguaje con que lo presenta es muy sencillo. Una manera, no la única, sería esta. En calma, se trataría de observar los pensamientos y emociones que van apareciendo en nuestra mente y que impiden una quietud interna. Y a partir de ahí, simplemente darse cuenta de lo que ocurre. Qué ideas nos asaltan, cómo reaccionamos ante tal situación o persona que aparecen, cuántas veces nos vamos al pasado o al futuro (todo ello, como bien sabemos, en pocos minutos).

No juzgues ni analices lo que observas. Contempla el pensamiento, siente la emoción, observa la reacción. No las conviertas en un problema personal. Entonces sentirás algo más poderoso que cualquiera de las cosas observadas: la presencia misma, serena y observante, que está detrás de tus contenidos mentales: el observador silencioso.

La segunda pregunta era: ¿qué ocurre cuando conectamos con el ahora, cuando permanecemos en él? Hay dos libros, ya citados, dedicados a explicarlo abundantemente. Este sería sólo un apunte:

En nuestra profundidad, ¿qué hay?: absoluta quietud, en la que podemos experimentar el gozo del Ser.

Este "Ser", que ya ha aparecido en el texto, aún no ha sido presentado. Es palabra clave. Pero no parece buen camino intentar definirlo con palabras. Es preciso vivirlo para saberlo en silencio. Pero Tolle ha de contestar a preguntas que le han hecho tantas veces y nos da pistas. El Ser es la Fuente de la que brota la conciencia. Es lo No Manifestado. Donde el tiempo no existe. Donde brota "la paz que sobrepasa toda comprensión".

La última pregunta que anunciaba es la que emana de la perplejidad que uno puede sentir al descubrir una historia como esta. Y no sé si para ella tendré algún día respuesta. Aquella noche en que todo cambió para este hombre (y con los años, para mucha gente que se ha inspirado con él), ¿por qué ocurrió? Aquella transformación radical en unos minutos, ¿fue creada para él en algún rincón del Universo?,

¿fue un regalo, una gracia? Y, en ese caso, ¿quién o qué escribió el guion y lo dirigió? También podría ser esta la respuesta: nadie ni nada intervino deliberadamente en aquel despertar de un hombre a una nueva visión de la realidad. Fue un proceso por sí mismo, fruto tal vez de la saturación de dolor psicológico del sujeto, que acabaría sorprendentemente engendrando un cambio radical, un renacimiento.

En este caso, sería el azar quien habría propiciado la aparición de este hombre de luz. Ahora bien, si la respuesta fuera que hubo alguien o algo que quiso que naciera este hombre nuevo que, como diría Machado, parece haber venido al mundo para traernos unas pocas palabras verdaderas, la cosa se pone mucho más interesante.

¿Es que hay alguien que quiere echarnos una mano? Y si así fuera, ¿por qué querría hacerlo? O de otra manera: ¿qué es el Ser, la Fuente, lo No Manifestado, en palabras de Tolle? ¿Es cierto que si voy acallando mi ruido mental de siempre, mi distracción permanente hacia el pasado o el futuro, descubriré que Su presencia también está en mí? Más aún, ¿qué tú y yo, y el resto de pronombres, somos esa conciencia serena y dichosa, aunque vivamos alejados de ella?

Uno no quisiera renunciar a viajar en ocasiones al dulce pasado, ni a sentir la fuerza de la esperanza en el futuro. Pero quizá para poder hacerlo libremente, como una opción, no como una obligación mental inagotable, haga falta descubrir el tesoro escondido en nuestro interior. La luz y la dicha que ya somos, quién sabe por qué.

Tal vez convenga intentarlo ahora.

* * *

14

Alguien tendría que ir a hablar con Andrómeda

Esta Andrómeda no es otra que la galaxia gigante y la razón de tener que ponerse en contacto con ella es que se nos está viniendo encima a una velocidad espantosa. Es cierto que los periódicos nos llegan saturados de malas noticias, pero uno no acaba de entender los pocos comentarios que ha provocado esta noticia, medalla de oro del apocalipsis: la galaxia de Andrómeda va directa hacia nuestra Vía Láctea, que, para acabarlo de arreglar, también se dirige hacia ella. Y ambas con una prisa enorme por chocar de frente. Se desplazan a unos 400.000 Km. por hora. ¿Qué más se sabe del asunto?

Seguramente estaremos de acuerdo en que cuando nos da por pasearnos por el Universo (siempre, por supuesto, desde una butaca en casa o en un planetárium), volvemos desolados por lo inabarcable que es el mundo de Buzz Lightyear, aquel personaje de *Toy Story* que gritaba un pensamiento filosófico cada vez que despegaba: "¡Hasta el infinito y más allá!". Repasemos, si no, los datos de estas dos galaxias de rumbo enloquecido.

Andrómeda está a 2'5 millones de años luz de nuestra Vía Láctea. ¿Alguien sabe cuánto es eso? Y contiene un billón de estrellas. El número no es exacto, ciertamente, pero ¿cuánto es un billón de cualquier cosa? Si alguien quiere saber algo más de Andrómeda, que sepa que emite ondas de radio en la banda de los 158.8 MHz.

Y ahora la Vía Láctea, en cuyo interior moramos los humanos, más concretamente en una región de ella, en el Sistema Solar, como bien sabemos. El diámetro de esta galaxia es de 100.000 años luz y contiene entre 200.000 y 400.000 millones de estrellas. Dos datos más improcesables para mentes como las nuestras, acostumbradas a desplazarse a 2.000 o 4.000Km., y a contar en términos de 2 o quizá 40 millones, que es lo que en euros ganan nuestros admirados futbolistas de élite, y poca gente más.

Como decía al principio, las conclusiones de los astrofísicos que han estado observando el panorama con el telescopio espacial Hubble, es que el choque será frontal, que nacerá una nueva galaxia, suma de las masas de las dos, que el Sol saldrá despedido hacia un extremo del nuevo todo y que la gran mayoría de estrellas sobrevivirán, aunque ocuparán nuevas órbitas. No encuentro datos sobre el ruido que tal encontronazo cósmico pueda producir. ¿Se propagará el sonido inmenso? ¿Estará fuera del alcance del oído humano? Se trate de un estrépito indecible o de un silencio horripilante, lo cierto es que parece que ya hará mucho que el último humano habrá cerrado la luz del último rincón de la Tierra. Y es que de la noticia aún nos falta lo más importante para nosotros: el tiempo.

Seguramente los datos que han enfriado la avalancha de artículos, comentarios, tertulias y cartas al director, que tenía que haber explotado, sean los relativos al tiempo, aún no mencionados. Y es que el fenómeno arrasador va para largo. Este choque de galaxias se producirá dentro de 4.000 millones de años. Y eso a pesar de la velocidad de ahora mismo con que se mueven Andrómeda y Vía Láctea, la una hacia la otra. Así de lejos estamos. Así es el Universo. Falta tanto tiempo que, según afirman hoy los especialistas, de la vida en la Tierra no quedará ni rastro. Quién sabe si un día cambiarán de opinión. El hecho es que falta mucho, sí, pero la cuenta atrás ya ha comenzado, diría una persona realista con los datos en la mano. Sin embargo, entre la alarma y la indiferencia, ¿cabe alguna otra actitud?

Caben al menos dos, a mi parecer. Una es quedarse anonadado y hundido por este choque de magnitudes entre lo humano y lo intergaláctico. Nuestra pequeñez frente a lo gigantesco, tanto si se habla de distancias, de años o de estrellas. Es difícil no caer en la melancolía cuando, a primera vista, comparamos nuestra estatura con la del Universo. Queda muy bien reflejado este impacto en el rostro de un niño de la premiada película "Annie Hall" de Woody Allen. El protagonista evoca su niñez (difícil no pensar en la del propio Allen), el día que su madre le llevó al médico porque andaba siempre desmoralizado desde que había descubierto que "El Universo se expande y se expande...".

Pero puede haber otra manera de contemplar el mundo. De contemplarlo más allá incluso de la descripción precisa y neutra de la astrofísica. La historia que viene a continuación es un ejemplo de lo que le puede suceder a un ser humano cuando se detiene, hondamente, ante lo que le supera. Frente a la inmensidad existe un poderoso lugar capaz de muchas cosas: la intimidad del ser humano. La mirada intensa del ser humano. El silencio del ser humano. La capacidad de darse cuenta del ser humano. A veces ocurre algo.

Nació en un lugar de la Europa central en 1887 y falleció en 1961. Tenía gran talento para la ciencia, pero le interesaron también la filosofía y el arte. Fue principalmente físico, pero hacia sus últimos años su indagación le llevó a interesarse por la biología. Todo esto y nada de esto tienen que ver con lo que le sucedió un día y que él mismo se encargó de anotar.

Estaba sentado en un rincón de la alta montaña. Su vista le devolvía la majestuosidad de unos picos altísimos, coronado uno de ellos por un glaciar. Más abajo, rocas, pastos, zonas de árboles. A sus pies, un valle silencioso. Los últimos rayos del sol poniente teñían de rosa la visión, mientras el cielo azul, pálido, en pocas horas se habría apagado. Él contemplaba absorto el mundo así recortado, pero afirmó después que lo que todo ello le fue inspirando podía haberle pasado ante otra faceta del Universo.

Cuanto ahora se le ofrece en la alta montaña está ahí desde hace miles de años, sin apenas cambios. Él, en poco tiempo, habrá dejado de existir, y toda esa naturaleza, se dice para sí mismo, seguirá ahí miles de años más.

> *¿Qué es lo que me ha sacado de la nada de un modo tan repentino, a fin de gozar por tan poco rato de un espectáculo al que resulto absolutamente indiferente?*

Observa entonces que las condiciones que, remontándonos a los orígenes, le hicieron posible a él son las mismas que hicieron posible lo que ahora está contemplando. De hecho, posiblemente en ese mismo lugar que ahora ocupa él, estuvo hace cien años otro hombre, mirando, pensando. Como él. Con alegrías y penas, proyectos y dificultades. Como él.

¿Era alguien distinto a él? ¿No podía ser él mismo? ¿En qué consiste lo que llamamos *yo?* ¿Por qué quien ahora mira y reflexiona soy *yo* y no *otro?*, se dice a sí mismo. "Cuando objetivamente lo que hay en todos es la misma cosa, ¿qué es lo que justifica que nos empeñemos tan obstinadamente en descubrir la diferencia entre mi propio yo y los demás?".

No sabemos cuánto tiempo pasaría desde esta visión interior a la siguiente. Esa "unidad de conocimiento, sentimiento y decisiones", a la que llamamos *yo,* ¿podía haber surgido de la nada, unos pocos años antes, para, al cabo de un poco de tiempo más, volver a desaparecer?

No. Le parece que no. Que esta "unidad de conocimiento, sentimientos y decisiones" es en lo esencial lo mismo en todos los seres humanos. Y es eterno. Y es inmutable. Así lo ve. Y alcanza al todo. Esa vida que él capta en sí mismo, detrás de sus circunstancias personales, está en esencia en todo. Y nuestro hombre se tumba ahora y nota su espalda sostenida por la Madre Tierra, y tiene la absoluta certeza "de ser una sola y misma cosa con ella y ella con nosotros".

Esta es la historia de un día en la vida de Erwin Schrödinger. De alguien que, dedicado a la investigación en Física, llegó a formular una ecuación de mecánica ondulatoria, llamada ecuación de Schrödinger, que resultó decisiva para el futuro de la mecánica cuántica. También el creador de aquella paradoja llamada el gato de Schrödinger, el único gato que podía estar vivo y muerto a la vez. Por sus contribuciones a los avances en Física le fue concedido el Premio Nobel en 1933. Posteriormente escribió un libro orientado hacia la Biología, *¿Qué es la vida?*, que tuvo repercusión en estudios posteriores de genética. El texto de esta historia forma parte de su libro *Mi visión del mundo* y lo recoge Ken Wilber en *Cuestiones cuánticas.*

La visión de Schrödinger que acabo de narrar, con la que bastantes buscadores de la realidad última estarían de acuerdo, no está aquí para ser promocionada como tal. Es sólo una muestra de la fuerza creativa de un ser humano. La inmensidad cósmica nos sobrecoge pero no siempre nos paraliza. ¿Por qué tenemos esa capacidad de avanzar en la comprensión de la realidad, la visible o la invisible? ¿Por qué podemos ir entendiendo la vida en la que hemos despertado? Podría haber una distorsión total entre mente humana y realidad externa. Y no parece que la haya. Es cierto que los avances son lentos. En el mismo terreno de la Física, la cautela de los más grandes es notable. “El logro más significativo de la Física del siglo XX es el reconocimiento de que no nos hemos puesto en contacto con la realidad última”, dijo en 1931 Sir James Jeans, eminente matemático, físico y astrónomo. Y el biólogo J.B.S. Haldane escribió: “La realidad no sólo es más extraña de cómo la concebimos, sino más extraña de cómo podamos concebirla”. Nada completamente definitivo, pues, pero ese reconocimiento de que no se sabe del todo, es ya una forma de mostrar que hasta de lo aún desconocido se tiene cierta noción.

Con esta capacidad de esclarecimiento puede contemplar el ser humano el fabuloso espectáculo del cosmos. Y no como algo completamente ajeno, sino como la matriz a la que un hilo (¿esencial?) nos une. Desde esta Vía Láctea en la que, solitarios o acompañados, habitamos y cuyo rumbo no sabemos controlar, habría que pensar en ir a hablar con Andrómeda para que se replantee el estropicio galáctico al que se dirige. Pero, ¿dónde están los responsables de esa galaxia? ¿Dónde está su puente de mando, dónde su sala de máquinas? Otro físico de renombre, Sir Arthur Eddington, tuvo una intuición en cierto modo relacionada con esta descabellada propuesta: "Algo desconocido está haciendo no sabemos qué". Quizá no tendríamos, pues, que dar por perdido el intento.

Los seres humanos vivimos, por regla general, indiferentes al Universo en que hemos nacido y en el que viviremos hasta que nuestro cuerpo y el de todos los demás seres se disuelvan. Y esta distracción nos sienta fatal. No es ni tan siquiera natural. Algo decisivo se nos tiene que estar escapando si no atendemos al gran país del que formamos parte: el Cosmos. Lentamente hemos ido descubriendo que no somos seres aislados. Que, para empezar, familia y sociedad nos influyen y nos necesitan. Lentamente vamos cayendo en la cuenta de que la Tierra no es un simple decorado de nuestras andanzas, sino otro ser vivo al que necesitamos y que nos necesita. ¿Por qué detener esta ampliación del campo de conciencia al llegar al techo de la atmósfera? ¿Qué pasaría si contemplar calladamente, hondamente, el Universo, varias veces a lo largo de cada vida, se convirtiera en una actividad considerada necesaria, indispensable? Una especie de valor humano, muy enriquecedor. Una parte del currículum escolar y de la formación permanente. Un patrimonio de la Humanidad.

Aparte de que alguien pudiera dar con la forma de conectar con Andrómeda, cosa que también a mí se me antoja ahora muy difícil, creo que de esos "viajes" con la mirada intensa y un recogimiento casi sagrado algo nuevo nos llegaría del océano cósmico y su inagotable espectáculo de luces, distancias y movimiento incomprensible. Es probable que, al acercarnos a su grandeza y a su inagotable acción, al intimar con su obstinada energía, con su sonido primordial, al que llamaríamos silencio, con sus proyectos indescifrables, al intimar con toda esa abundancia, a la que también pertenecemos, es posible, digo, que se nos fueran las ganas de unas cuantas cosas. De la bronca por la bronca o del extermino del otro porque así lo quiero yo. Del gusto por la discusión, porque yo y los míos hemos de tener razón. De la pasividad, en cambio, ante la miseria o la violencia que muchas palabras no arreglan.

Tal vez nos hace falta leer un poco ese libro abierto de infinitas páginas que científicos y contemplativos nos van poco a poco descifrando. Quizá ahí esté aguardando un secreto sin palabras, un aire muy puro que pueda ir renovando la vida en este minúsculo rincón del Universo inabarcable.

Entonces, aunque nadie haya podido hablar nunca con Andrómeda y lograr que recapacite, pudiera ser que cuando embistiera nuestra galaxia, al abordar la Tierra, encontrara un gran cartel, o muchos, que dijeran en un montón de lenguas:

YA NO ESTAMOS AQUÍ,
PERO CONSEGUIMOS
ENTENDER MUCHAS COSAS.

* * *

15

Una mariposa en el coche de Murray Stein

Navegar por internet no debe de ser tan distinto a una improvisada excursión en metro por una ciudad con kilómetros de túneles. Te subes a un vagón en dirección norte y en cualquier momento te apeas, haces transbordo y ya vas dirección este, para al poco rato, volver a enlazar con otra línea que te lleva al sur o al oeste, o al fin del mundo. Y así indefinidamente, dando saltos en un mismo viaje: en una misma sesión.

Es lo que nos ocurre cuando subimos a una página web y enlazamos con otra y con otra, a lomos de ratón, sin detenernos demasiado en ninguna, hasta que nos apeamos en aquella que, de pronto, comprendemos que era nuestro destino desconocido. Al llegar es muy posible que uno ya no recuerde por dónde ha ido haciendo tantos transbordos. Sólo sabe que ha llegado la hora de quedarse quieto y poner más atención.

Esto es lo que me ocurrió el día en que llegué a una estación llamada "Murray Stein" y en la que nunca me había bajado. No sé cómo empezó aquel viaje, pero al instante decidí tomarme el tiempo que hiciera falta. Valió la pena.

Murray Stein es psicólogo, de la rama de los discípulos de Jung (este dato es importante, como se verá), escritor y conferenciante. Estudió en las universidades de Yale y Chicago, y en el Instituto Carl G. Jung de Zurich. Ha sido Presidente de la Asociación Internacional de Psicoterapia Analítica. Dos de sus libros más conocidos son: *Principio de individuación* y el *Mapa del alma de Jung*. Ambos títulos están traducidos al castellano y no hacen más que confirmar la estrecha relación de este hombre con la obra de Jung. Es interesante saber cómo surgió este vínculo.

A los 24 años Stein estudiaba Historia. La psicología no contaba apenas para él. Un día, a lo largo de una conversación sobre la propensión a la agresividad del género humano, alguien mencionó la teoría de la sombra de Jung. No sabía nada de él, por eso al día siguiente fue a una librería y sólo encontró un libro: *Recuerdos, sueños, pensamientos*, sus memorias. Y la vida de Murray Stein dio un giro definitivo:

> *Desde que empecé a leer aquel libro, mi vida cambió definitivamente. Supe que la psicología de Jung era para mí.*

Creo que momentos como este son escasos en nuestras vidas. Puede ser que en algunas ni lleguen a darse. Antoni Pascual Piqué los llamaba "sueño despierto" y muestran un momento de gran energía al descubrir un camino (una relación, una profesión, unos estudios, un lugar...) que se nos ofrece, casi como si nos estuviera esperando, y en el que deseamos con una convicción especial adentrarnos. Pese a las dificultades que a lo largo de ese camino se presentarán inevitablemente, es una experiencia que inyecta una fuerza y un sentido muy notables a nuestra existencia. Vuelvo de nuevo a Stein después de esta digresión.

A raíz del descubrimiento de Jung reorientó su formación. Estudió Psicología en Zurich y después en Chicago. Había en él la dimensión del sanador (su nueva profesión), pero también la del hombre de cultura (sus estudios iniciales de Humanidades). Y esta era precisamente la combinación de la obra junguiana: mente y espíritu, ambas reunidas esencialmente en todo ser humano.

Se convirtió, pues, en terapeuta y el vínculo con sus pacientes, a lo largo de muchos años, le fue confirmando que lo real discurre por la frontera de mundos distintos: el ego y el inconsciente; los hechos con causa conocida y los hechos sin causa aparente; la visión científica del mundo y la visión espiritual. Esta era su vida como analista junguiano.

Y de ese límite de la realidad en que los hechos a veces nos desbordan, nos conmueven, nos piden amplitud si no queremos desperdiciarlos, Stein ha querido dejarnos unas historias de mariposas acaecidas en su propia vida. El mismo Murray Stein nos las va a contar.

> *Ella se llamaba Magda. Murió a los ochenta años. Los diez precedentes iba siempre en silla de ruedas. Yo la visitaba en su casa algunas veces. En los cinco años anteriores a esta situación, ella había acudido regularmente a mi consulta. Un día, cuando ya había perdido su capacidad de andar, me había dicho: "Cuando me muera y llegue al cielo, lo primero que haré será ponerme de pie y bailar".*

Al funeral fui con mi esposa, y cuando conducía de regreso noté que algo volaba y se removía en el cristal de la parte de atrás del coche. Ella se giró y dijo: "Es una mariposa". Abrimos las ventanas para que se fuera, pero no se iba. Llegamos a casa casi de noche. Mi esposa intentó de nuevo que saliera del coche, pero el pequeño insecto marrón decidió quedarse en la palma de su mano. Así anduvimos por la calle, buscando la luz de las farolas para poder ver mejor a la mariposa. De repente, inició un vuelo, se posó en la acera y comenzó a bailar, enérgicamente, trazando círculos y saltando de uno a otro de nuestros pies.

Ya hacía rato que llamábamos Magda a nuestra mariposa.

* * *

Esta otra mujer también se había analizado conmigo durante muchos años. Luchó contra un cáncer, con cierto éxito durante bastante tiempo, pero al final murió. En sus últimos años mantuvo una relación muy intensa con su psique. Sus sueños y su imaginación activa le habían proporcionado un gran coraje para asumir su muerte, y también la seguridad de estar siendo acompañada por una presencia que la confortaba mucho más que cualquier presencia humana. Ella había sido una de las personas más despiertas y vitales que yo había conocido.

Dos semanas después del entierro, su hija me llamó para explicarme esta historia. Una amiga de toda la vida de su madre, que vivía en Suecia, la había telefoneado para decirle que acababa de recibir la carta en que le comunicaban el reciente fallecimiento de su amiga. Y sucedió que, cuando estaba sentada en su jardín, leyendo la carta, una preciosa mariposa se posó sobre el papel y allí se quedó. Ella no entendía por qué había escogido precisamente aquella superficie y no otro lugar del jardín. Entonces la mariposa voló hasta su brazo y allí se quedó unos cuantos minutos más. De pronto, la mujer se dio cuenta de lo que estaba pasando: "¡Era tu madre, estoy segura!", gritó a través del teléfono. "¡Tan alegre, tan bonita, tan viva! Igual que tu madre".

Y ciertamente estos eran los rasgos más característicos de aquella mujer tan especial.

Cuando se toca y se comparte lo más hondo de la persona, vemos que un cierto tipo de relación se va creando entre analista y analizando. Dos personas en un mismo espacio sutil y sagrado, lo cual va más allá de la habitual relación médico-paciente. Es un vínculo que une recíprocamente nuestros corazones y trasciende nuestros egos. Un lugar mágico donde no son raras las sincronías.

Al regalarnos estas dos historias, parece que Murray Stein quiera señalarnos la importancia de estos vínculos de corazón, cuando la gran transformación ya ha empezado. Sea entre analista y analizando, sea entre seres unidos por cualquier forma de amorosa atención.

* * *

16

Al cerrar la luz

Que el olivo es seña de identidad de Andalucía, nadie podría dudarlo. Sin embargo, la importancia de la agricultura no ha de esconder que parte de su historia ha estado también ligada a las minas. Es el caso emblemático de la provincia de Jaén. Pese a ser la mayor productora de aceite del mundo y disponer de más de medio millón de hectáreas de suelo cultivado, y pese a haber sido así inmortalizada por el verso de Miguel Hernández: "Andaluces de Jaén/ aceituneros altivos", muchos jiennenses han subsistido hundiéndose en lo profundo de la tierra hasta encontrar sus limitados, pero necesarios frutos, de sabor bien distinto al de la aceituna. Hierro, cobre, plomo, incluso algo de plata, era lo que con tanto riesgo arrancaban de la tierra, mientras otros andaluces sobrevivían vareando los olivos.

Incluso algunos lugares fueron modelados para este exclusivo fin mineral. Compañías inglesas, propietarias en el siglo XIX y parte del XX de algunas minas, diseñaban pueblos con viviendas distintas, según el nivel y la situación social de los empleados. Viviendas para solteros, otras para obreros casados, otras para capataces, y algunas más lujosas para directivos e ingenieros. A ello se añadían los servicios comunitarios, como el hospital, el mercado, la farmacia, el economato, la iglesia, un cine, un cuartel de la Guardia Civil y, por supuesto, un casino, entendido como un espacio de encuentro para hombres, donde beber, charlar o discutir y jugar a las cartas o al dominó.

La historia que voy a contar ocurrió en un pueblo así y en una casa para obreros casados, hace noventa años. Solo nos falta un elemento más del lugar, que aquí va a cobrar un gran protagonismo: el cable aéreo. Se trataba de un medio de transporte desde la mina hasta los enclaves ferroviarios, que a la vuelta era aprovechado para llevar al pueblo carbón, madera y otros materiales para la empresa. Creados a principios del siglo XX, estos cables aéreos salvaban grandes distancias (hasta 12 kilómetros), desde importantes alturas, con un paso no tan lento (2'5 metros por segundo) y, desde luego, no tan seguro.

Él se llamaba Antonio. Su esposa, María. Tenían ya un hijo y una hija, y cuando se inicia esta historia, estaban esperando el tercero, que sería una niña. Antonio trabajaba para la mina, pero no de minero. Era administrativo y ocupaba con su familia una de aquellas viviendas para obreros casados, propiedad de la empresa de la mina, a que antes me refería. A veces tenía que desplazarse para llevar documentos de un sitio a otro. De ahí vendrá todo.

No sé si en la legislación de aquella época era legal que los empleados se subieran a las vagonetas que transportaban por las alturas el plomo extraído en la mina. Ni cuántas veces esto se hacía. Al menos en una ocasión sí ocurrió. Iba Antonio con dos compañeros más rodando por el cable aéreo cuando se produjo el accidente. El cable se rompió. Dos de los trabajadores murieron. El tercero, Antonio, quedó seriamente herido. Su existencia, y la de su familia, cambiaron para siempre desde aquel día. Antonio salvó la vida pero no la salud. Al parecer, una astilla de sus costillas le perforó el pulmón. Apenas salía. Se fatigaba mucho por poco que anduviera. Guardaba cama con frecuencia. En ese tiempo nació la hija que estaba en camino antes del accidente.

Creció viendo como algo natural que el padre siempre estuviera en casa. Cuando le llegó el tiempo de empezar a andar, era precisamente con su padre con quien caminaba. Ambos tenían el paso lento y el trayecto breve, aunque por razones muy distintas. Pero la niña se acostumbró a la mano del padre. Así fueron sus primeros pasos y sus primeros recuerdos. Mientras, la mina seguía siendo la razón de ser de aquel pueblo. Algunos de sus trabajadores visitaban con regularidad a Antonio.

Uno de sus mejores amigos era Gregorio. Era más que amigo, casi hermano. Sus visitas eran frecuentes. Quizá por eso resultó tan difícil engañar a Antonio. Y fue que un día Gregorio murió inesperadamente. Decidieron no decírselo, puesto que en aquella misma época la salud de Antonio había empeorado. Pero, ¡ay!, la iglesia del pueblo no podía ser discreta y su campanario redobló para anunciar el funeral. Antonio llamó a su mujer, inquieto.

> *—María, ¿qué pasa? ¿Por quién doblan las campanas?*
>
> *—Es por la señora Vicenta, ya sabes, aquella mujer tan mayor.*

La excusa que la esposa había urdido era fácil de sostener, pues Antonio no tenía fuerzas para salir de casa en aquellos días. Al principio pareció que la cosa había funcionado, pero pasaba el tiempo y Gregorio no visitaba a su amigo, como era costumbre. Cuando Antonio preguntaba por él, se inventaban más pretextos, y es que Antonio estaba peor y nadie sabía cómo podría afectarle una noticia como aquella, que cada vez era más difícil de dar. Al cabo de unos días de la muerte de Gregorio, ya no hizo falta seguir inventando mentiras piadosas.

Antonio llamó a su mujer al dormitorio y le habló serenamente, con una extraña seguridad.

—¿Por qué me habéis engañado?

—¿Engañado? ¿De qué hablas?

—Mi amigo Gregorio ha muerto y no me habéis dicho nada.

María, sin tiempo para pensar, aún quiso mantener su insensata versión de los hechos.

—¡Qué no, que no se ha muerto! Mira, si quieres voy a buscarlo. No sé si ahora lo encontraré, pero yo voy a buscarlo.

—Sí que ha muerto. Y ahora está en la ventana. Cuando cerréis la luz, él podrá entrar. Mi amigo ha venido a por mí.

—¿Cómo me dices esas cosas? – la mujer lloraba desesperada.

—Es que estoy muy mal, María. Anda, escúchame lo que te voy a decir. –Antonio parecía tenerlo todo tan claro...–. Haz la cena. Luego que vengan a darme un beso los niños y te los llevas a la casa de la vecina.

Todo se acabó haciendo como él decía. Al fin, Antonio y María se quedaron solos.

—Ahora ponme un cojín debajo de la cabeza y apaga la bombilla, que con esta luz mi amigo no puede entrar. Y enseguida nos iremos los dos.

María le besó, cerró la luz y, al poco, Antonio expiró.

* * *

Una mujer viuda con tres hijos, en un pueblo minero, año 1932. Para adjudicarle una pensión, la empresa exigió la realización de la autopsia. María se negó rotundamente: “Después de lo que ha sufrido”. Sólo le dieron seis meses de paga y tuvo, además, que abandonar la casa, que era propiedad de la sociedad minera. En el camino hacia una nueva vida, parece ser que María le pidió alguna señal a su marido. Según cuentan, le llegó.

Estuve hablando con aquella niña de apenas tres años que iba siempre de la mano de su padre enfermo. Ella dejó en mis manos la memoria de cuanto ocurrió en aquellos días y en aquella noche en que el padre pidió que apagaran la luz.

Quisiera, pues, que el olvido poderoso lo tenga un poco más difícil para borrar la historia de esta última visita de un amigo ya transformado a otro casi agotado. Una visita para atravesar juntos ese muro que se nos aparece al final del camino de alguien querido, y sobre el que nuestras miradas, en la hora de la despedida, suelen rendirse impotentes.

Como si creyéramos que es el fin del mundo.

* * *

17

Dos hombres en el mismo camino: Richard Bucke y Walt Whitman

Entrar en el corazón de la experiencia vital de Richard Bucke y de Walt Whitman es vislumbrar un conocimiento que parece estar esperándonos. Esta vida que tal vez nos aguarda queda lejos hoy de muchos de nosotros, pero se halla aquí mismo. Sería la dirección hacia la que, lentamente, tal vez estemos evolucionando, aunque a menudo pueda parecer todo lo contrario. Diré algo de las vidas de estos dos hombres, de su encuentro y, por supuesto, de ese mundo que ellos vieron y vivieron, y que por ahora tal vez a muchos nos parezca extraño, imposible, aunque su belleza nos conmueva.

Richard Meurice Bucke nació en Inglaterra en 1837, pero al año su familia se instaló en Canadá y a lo largo de su vida cruzó la frontera con Estados Unidos varias y decisivas veces. Walt Whitman era 18 años mayor. Nació el 1819 en Nueva York, en Long Island, isla a la que él llamará en su poesía con el nombre indio: Paumanok. Bucke será psiquiatra, y sentirá pasión por la poesía. Whitman será uno de los grandes poetas de América, y nos mostrará registros poco conocidos del alma humana. Inicio la historia de estos dos hombres por el más joven. Él nos llevará al encuentro de Whitman.

¿Por qué Richard Bucke dejó el hogar familiar, en Canadá, a los 17 años y se fue en busca de trabajo al Medio Oeste americano? ¿Tuvo que ver que su madre muriera cuando tenía 7 años? ¿O que su madrastra muriera a sus 16? ¿O tal vez fuera la relación con su padre, un pastor protestante que además había sido su profesor, pues Bucke no fue a la escuela? ¿O sería la causa determinante una profunda inclinación por la aventura que, bajo otras formas, reaparecerá a lo largo de su vida? No he hallado respuesta a estas preguntas, pero el hecho es que, durante más de tres años, el joven Bucke trabajó en distintos oficios y tuvo que afrontar situaciones límite en Estados Unidos. En una ocasión vivió un enfrentamiento con los indios shoshone, cuyo territorio estaba cruzando, y un tiempo más tarde la tragedia le rozó la cara y probablemente le avisó de que había llegado la hora de un cambio. Sucedió cuando atravesaba unos montes en el Lejano Oeste. El grupo de exploradores con el que viajaba quedó atrapado en medio de un tiempo gélido. Su compañero de ruta y amigo Allen Grosh murió. Él perdió un dedo de una mano por congelación. Eran los días finales de 1857 y Richard Bucke volvió a casa. Pronto comenzaría una etapa muy distinta.

En 1858 consiguió ingresar en una prestigiosa Facultad de Medicina de Canadá. Fue un buen estudiante y se licenció con varios premios cuatro años más tarde. Había orientado su vida hacia la medicina, ya para siempre, aunque no sería esta su única aventura vital en las siguientes décadas. Viajó a Londres y a París para completar estudios, y en 1865 se instaló definitivamente en Canadá para ejercer como doctor en medicina general. Serían diez años, tras los cuales comenzaría su decisiva etapa en un hospital psiquiátrico en Ontario, en una época en que tratar la llamada locura era entrar en un laberinto a oscuras. Bucke fue, hasta cierto punto, un reformador y favoreció el trato cercano con los pacientes, la práctica de los deportes y lo que hoy llamaríamos terapia ocupacional, buscando nuevos caminos de tratamiento de la insania mental.

En esta década, la que va de 1865 a 1875, sucedieron en la vida de Bucke dos hechos fundamentales, y relacionados entre sí, que son los que me han movido a escribir sobre él. A Bucke le gustaba la poesía y tal vez por ello un amigo geólogo, Thomas Sterry, le dio a conocer "Hojas de hierba", la obra poética de Walt Whitman. Fue una revelación.

¿Ha supuesto alguien que es venturoso nacer?
Me apresuro a informar a él o a ella que lo es tanto como morir.
Y sé lo que digo.
Muero con los que agonizan y nazco con el bebé recién lavado,y no quepo entre mi sombrero y mis zapatos.
Y escruto diversos objetos: no hay dos iguales y cada uno es bueno.
Buena la tierra y buenas las estrellas y bueno cuanto va con ellas.

Versos de esta índole conmocionaron a Bucke. No sólo a él, pues las sucesivas ediciones de "Hojas de hierba" no dejarían indiferente a casi ningún lector. O deslumbraban o suscitaban rechazo. Bucke fue mucho más que un lector devoto del poeta americano. Sin saberlo había tomado contacto con un autor clásico de la literatura, con un amigo, con un paciente y con un mensaje en clave de su destino que pronto le cambiaría la vida. Mientras todo ello estaba por llegar,

Bucke aprendía de memoria muchísimos versos de los largos poemas de Whitman. Como estos, probablemente:

Al comenzar mis estudios, el primer paso me agradó tanto,
el mero hecho de la conciencia, estas formas, el poder del movimiento,
el último insecto o animal, los sentidos, la vista, el amor;
el primer paso, como digo, me sobrecogió, agradándome tanto
que apenas he avanzado algo y apenas he deseado continuar.
Casi prefiero detenerme y vagar para siempre, con el fin de cantarlo en canciones extáticas.

Cuando en 1877 Bucke viaja a New Jersey para conocer a Walt Whitman, este ya tiene 58 años. Había sido el segundo de nueve hijos, en una familia que acabó teniendo graves problemas económicos. A los once años abandonó los estudios y comenzó a trabajar. En su ajetreada existencia habrá años de impresor, de maestro, de periodista (llegó a tener su propio periódico) y de ayudante de fiscal. La Guerra de Secesión (1861-1865) la vivió con los ojos bien abiertos y el corazón entre los partidarios de la abolición de la esclavitud. Impresionado por los cuerpos heridos en las batallas, se alistó como enfermero voluntario. Admiró a Abraham Lincoln y le dedicó algunos poemas. Uno de ellos, el que empieza con "¡Oh, capitán, mi capitán!", gozó de una popularidad añadida a finales del siglo XX, gracias a una famosa película: "El club de los poetas muertos". Era el sobrenombre con el que un revolucionario profesor de Literatura de un tradicional colegio americano, proponía a sus alumnos que le llamaran, en vez del convencional "Profesor Keating".

En 1855 había aparecido la primera edición de "Hojas de hierba", con 12 poemas y costeada por el mismo autor. Al año siguiente, la segunda, con 32 poemas, ya a cargo de un editor. La obra no dejaría de crecer en sucesivas impresiones. Walt Whitman le añadiría poemas hasta la versión definitiva, en 1892, poco antes de fallecer. Whitman escribía sin contar las sílabas ni rimar sus versos, transgrediendo la norma vigente en poesía. El ritmo estaba en las palabras y en un desbordamiento del sentimiento hacia todo, en una proximidad con lo menos nombrado como nunca antes se había cantado.

En todas las personas me veo a mí mismo. Nada más y absolutamente nada menos;
y lo bueno o malo que de mí mismo digo lo digo de los demás.
Sé que soy fuerte y saludable.
Hacia mí los objetos convergentes del universo fluyen continuamente en forma de mensaje escrito. Debo descifrarlo.
Sé que soy inmortal.
Sé que esta órbita mía no puede ser eliminada por el compás
del carpintero.
Sé que no moriré como muere el fulgor del tizón agitado por el niño en la noche.

Este desbordamiento vital posiblemente impactó en Bucke más hondamente de lo que él pudo captar en un principio. Era uno de los ingredientes esenciales en "Hojas de hierba" y conviene retenerlo en la memoria por lo que pronto se explicará de Bucke, una noche en Londres.

A través de mí, muchas voces mudas durante mucho tiempo.
Voces de interminables generaciones de prisioneros y esclavos;
voces de enfermos y de desesperados y de ladrones y enanos;
voces de ciclos de preparación y crecimiento
y de los lazos que unen a las estrellas y de las matrices
y de la simiente paterna
y de los derechos de aquellos a quienes otros sojuzgan;
de los deformados, los triviales, chatos, tontos, despreciados.
Niebla en el aire, escarabajos que hacen rodar bolas de estiércol.

En 1873 Whitman sufrió su primer infarto cerebral, que le dejó secuelas físicas en forma de parálisis. Vivía en New Jersey, comenzaba a ser muy conocido no sólo en América, también en Inglaterra. El famoso escritor británico Oscar Wilde le visitó. Era el año 1882. Cinco años antes lo había hecho Richard Bucke. Cuando viajó para conocer personalmente al poeta, no sólo llevaba consigo su admiración, sino una vivencia arrasadora, aunque brevísima, acaecida un tiempo atrás y en la que Whitman, indirectamente, algo había tenido que ver. Va a ser el momento clave de su existencia y el segundo hecho decisivo, junto al descubrimiento de Whitman, al que me refería anteriormente

Ocurrió en un viaje de Bucke a Londres en 1872. En aquel tiempo ejercía de médico en Canadá y estaba casado con Jessie Gurd desde el 1865, con quien llegaría a tener ocho hijos. Posiblemente por motivos profesionales le encontramos en Londres. Una noche visitó a unos amigos, al parecer también amantes de la poesía. La velada estará marcada por la lectura de poemas: de Keats, de Shelley y, sobre todo, de Walt Whitman. Que Bucke se hallaba inspirado y con una notable elevación de espíritu cuando se despidió, parece evidente. Pero no suficiente como para justificar lo que a los pocos minutos le sucedió. Estaba en el coche de caballos que le llevaba de vuelta a su habitación. Se sentía muy distendido mientras recordaba momentos dichosos de aquel encuentro entre amigos y versos. Él contó así lo que al poco le sobrevino:

> *De súbito, sin aviso de tipo alguno, me encontré envuelto en una nube del color de las llamas. Por un momento pensé que había fuego, una inmensa fogata en algún lugar cerca de la ciudad; más tarde pensé que el fuego estaba dentro de mí. Inmediatamente me sobrevino un sentimiento de alegría, de felicidad inmensa acompañada o seguida de una iluminación intelectual imposible de describir. Entre otras cosas, no llegué simplemente a creer sino que* vi *que el universo no está compuesto de materia muerta, sino que por el contrario constituye una presencia viva; me hice así consciente de la vida eterna. No era la convicción de que alcanzaría la vida eterna, sino la consciencia de que ya la poseía; vi que todos los seres humanos son inmortales, que*

el orden cósmico es tal que, sin duda, todas las cosas trabajaban juntas por el bien de todas y cada una de ellas; que el principio básico del mundo, de todos los mundos, es el que llamamos amor; y que la felicidad de cada uno y de todos es, a largo plazo, absolutamente segura.

Lo que Richard Bucke vivió sería el mayor regalo que podrían recibir tantos buscadores que se han preguntado por el misterio de la vida. Principalmente porque no fue obra de su pensamiento. Bucke bien se encargó de aclarar que *vio*, que supo de una manera profunda, irrebatible, el alcance último de la existencia de todo. La iluminación se produjo, o le fue concedida, pero no la creó su mente individual. Y tuvo esa visión total en pocos segundos, según afirmó. Es momento de sostener en una mano las palabras de Bucke y en la otra las de Whitman. Lo que dejó escrito en esencia este psiquiatra lo queremos subrayar:

(...) que el orden cósmico es tal que, sin duda, todas las cosas trabajaban juntas por el bien de todas y cada una de ellas; que el principio básico del mundo, de todos los mundos, es el que llamamos amor; y que la felicidad de cada uno y de todos es, a largo plazo, absolutamente segura.

Y Whitman había escrito:

Con rapidez eleváronse y extendiéronse en torno a mí la paz y
el conocimiento que están más allá de toda discusión en la tierra.

Y sé que la mano de Dios es mi propia promesa
y sé que el espíritu de Dios es hermano del mío
y que todos los hombres que han existido son también mis hermanos
y las mujeres, mis hermanas y amantes,
y que uno de los pilares de la creación es el amor,
y que no tienen fin las hojas de los campos, rígidas o lánguidas,
y que tampoco lo tienen las hormigas morenas
en sus pequeños pozos subterráneos,
ni las costras mohosas del seto, las piedras amontonadas, el saúco,
el pasto y la cizaña.

Bucke y Whitman crearon una profunda amistad a partir de su encuentro en 1877. Aquél se convirtió también en su médico y en una de sus personas de confianza. Con los años incluso escribió una biografía del poeta y colaboró en la edición de sus obras completas. Pero hay más.

Bucke quedó ciertamente marcado por su experiencia de aquella noche. No era para menos. Y le dio un nombre: "consciencia cósmica". Durante años se dedicó a estudiarla y en 1901 apareció su libro con el mismo título, hoy un clásico sobre la evolución de la consciencia humana.

Dos de sus conclusiones es imprescindible dejarlas anotadas. Una, que tal experiencia de visión iluminada la habían tenido, entre otros, algunos nombres conocidos de la historia: Buda, Jesús, San Pablo, Plotino, Mahoma, Dante, San Juan de la Cruz, Ramakrishna, William Blake... y Walt Whitman. La otra, que la consciencia cósmica era el siguiente estadio de evolución de la humanidad. La primera etapa había sido la de la "consciencia simple", el registro de las sensaciones. La segunda, en la que la humanidad se mueve hoy, sería la consciencia individual. En sus palabras: "(el ser humano) se da cuenta de que es una criatura separada o autoexistente dentro de un mundo del que se encuentra aparte". La consciencia cósmica, experimentada de forma creciente cada vez por más individuos, sería ese mundo (interior), ese fulgor de sabiduría y amor, que nos estaría esperando en algún recodo de nuestro camino evolutivo. Bucke lo vivió en unos segundos de luz imborrable y escribió un ensayo decisivo sobre ello. Según él, Whitman ya estaba impregnado de tal vivencia y sus versos irradiaban esa fusión con todo, alimentada de amor por todo. La pasión que los primeros poemas de Whitman habían despertado en Bucke, el impacto que le produjo conocerlo personalmente, la lectura de sus versos en la noche en que tuvo su iluminación, o la gran confianza que Whitman depositó en él, colaborando en la elaboración de su primera biografía, que Bucke escribió, viajando a Canadá y hospedándose un tiempo en su casa, confiándole la edición de su obra póstuma... todo parecía estar llevado por un hilo que les unía: el mismo descubrimiento de la grandeza de corazón y la profundidad de comprensión a las que el ser humano está llamado.

Llegamos al fin del trayecto de estos "dos hombres en el mismo camino". Whitman se apagó en 1892, cuatro años después de sufrir otra parálisis. Richard Bucke, que le había guiado a distancia como médico, estuvo con él en sus momentos finales. Quizá en sus últimos días el poeta se dedicaba a revivir lo que había escrito tiempo atrás:

Ahora me limitaré a escuchar,
para que cuanto escucho enriquezca este cantar
y los sonidos contribuyan a acrecentarlo.
Oigo arias de bravura a cargo de pájaros, el murmurar del trigo
que se agita, chismorreos de llamas, el crepitar de maderas
que cocinan mi comida.
Oigo el sonido que amo: el sonido de la voz humana.
Oigo todos los sonidos al mismo tiempo, combinados, fundidos
o siguiéndose.
(...)
Por fin me incorporo de nuevo para sentir el enigma de los enigmas,
que llamamos la Existencia.

Richard Meurice Bucke no pudo estar apenas presente en el éxito de su libro. Un año después de su aparición (1901), resbaló frente a su casa a causa del hielo y falleció como consecuencia de las heridas. Era febrero de 1902. Tal vez no le importó. Había vivido sesenta y cinco años con gran intensidad. Además tenía una cita pendiente a la que no podía acudir sin previamente cerrar los ojos de manera definitiva. Esta era la dedicatoria con que se iniciaba su libro *Consciencia cósmica*, dirigida a su hijo Maurice Andrews Bucke, que había fallecido dos años antes a los 31 años.

Querido Maurice:
Hace un año, en la aurora de la juventud, de la salud y de la fuerza, en un segundo, un terrible y

fatal accidente te ha llevado para siempre de este mundo donde tu madre y yo todavía vivimos. De todos los jóvenes que he conocido, tú eras el más puro, el más noble, el más honrado, el de mejor corazón. (...) Cómo nos hemos sentido con ocasión de tu pérdida –cómo aún nos sentimos– no lo registraría, aunque pudiese. Deseo hablar aquí de mi esperanza confiada, no de mi dolor.

Yo diría que, mediante las experiencias que constituyen la base de este volumen, he aprendido que, pese a la muerte y a la sepultura, a pesar de que te encuentres más allá del alcance de nuestra vista y oído, aunque el universo sensorial dé testimonio de tu ausencia, tú no estás muerto ni de hecho ausente. Tú permaneces vivo y bien, y no te encuentras lejos de mí en este momento.

(...) Ahora falta apenas un poco más para que estemos juntos otra vez y con nosotros estarán aquellas otras almas nobles y amadas que han partido antes. Estoy convencido de que te encontraré y a ellas también; tú y yo conversaremos acerca de mil cosas. Y percibiremos claramente que todo formaba parte de un plan infinito que era sabio y bueno. ¿Tú me ves y apruebas mientras escribo estas palabras? En ese caso sabes cuánto te quería mientras has vivido lo que aquí denominamos vida, y cómo te has vuelto más querido desde entonces.

Debido a los vínculos indisolubles de nacimiento y muerte, forjados entre nosotros por la naturaleza y por el destino, gracias a mi amor y a mi tristeza, y por encima de todo a causa de la confianza inextinguible e infinita que existe en mi corazón, te dedico a ti mi libro.

¡Hasta pronto, mi querido muchacho!

Tu padre

Whitman y Bucke en un mismo camino. La poesía del primero era un abrazo inagotable a la vida. Bucke descubrió que la vida es el proyecto de un gran abrazo.

* * *

18

Cuando morir es volver

Podría parecer que al poeta se le fue un poco la mano cuando escribió estos versos:

Me voy,
zarpo ahora,
y podría volver
si no me siento satisfecho
con lo que he aprendido
al haber muerto.

Robert Frost nació en San Francisco en 1874 y murió en Boston en 1963. Sin embargo, poco podían imaginarse sus lectores, o tal vez el mismo Frost, que el desafío teñido de humor de su poema se convertiría en investigación científica no muchos años después de su muerte.

El fenómeno de las personas que, rodeadas de un equipo médico, son dadas por clínicamente muertas, pero que al cabo de pocos minutos recuperan la vida y más tarde explican su extraordinario viaje a un no-lugar llamado "más allá", se viene estudiando a fondo en las últimas cuatro décadas. Como es sabido, se le ha dado el nombre de *experiencias cercanas a la muerte (ECM)* y los casos conocidos son, a día de hoy, muchos miles. Ya en 1982 un sondeo realizado en Estados Unidos por The Gallup Organization concluyó que el 5% de la población estadounidense había experimentado una experiencia cercana a la muerte. En 1998 se hizo una encuesta en Alemania y el porcentaje fue muy parecido.

Creo que la historia de la investigación de estas realidades empieza con este nombre: George Richtie. Richtie era un joven estudiante de Medicina en 1943 cuando fue ingresado por neumonía doble. Entonces los antibióticos no eran aún de uso corriente y tras una fiebre muy alta y un gran dolor en el pecho murió. Así lo certificó el médico del hospital. Parece ser que un enfermero presente no quiso aceptar que no hubiera nada que hacer y propuso administrarle una inyección de adrenalina en el pecho. A los nueve minutos de su muerte clínica, George Richtie volvió a la vida. Tenía mucho que contar pero durante años no se atrevió.

Con el tiempo se convirtió en psiquiatra y comenzó a compartir su experiencia en clases y conferencias. Por fin, en 1978, escribió un libro: *Regreso del mañana*. Richtie había vivido, en aquellos minutos de muerte clínica, algunas de las vivencias más características de este estado: dejar su cuerpo y observarlo tumbado en una cama de hospital, poder volar y ver los acontecimientos de su vida. Pero también otro rasgo más singular: viajar a otras dimensiones. Lo recordaba todo con gran precisión.

Uno de los asistentes a una de sus conferencias fue un estudiante de Filosofía llamado Raymond Moody. La historia de Richtie le impactó pero simplemente la guardó en su memoria. Fue cuatro años más tarde cuando Moody conoció a un estudiante de su universidad que también había regresado tras estar clínicamente muerto. Lo sorprendente era que su historia tenía muchos puntos de contacto con la de Richtie. Este fue, probablemente, el despegue de todos los abundantes estudios que luego se han ido produciendo, ya que Moody inició entonces una búsqueda de casos de resucitación clínica y pronto le fueron llegando historias. Tantas como para escribir el libro fundacional de las ECM: *Vida después de la vida* (1975), del que se han vendido en todo el mundo 15 millones de ejemplares.

La clave de estos estudios, y lo que tiene especial sentido para tantos lectores, es que las historias se parecen mucho. Moody ha llegado a señalar doce características de estos viajes insospechados. Aunque no se repiten los doce rasgos siempre, la práctica totalidad de estas historias giran en torno a algunas, o muchas, de estas vivencias. La que sigue es una de ellas.

Fue en setiembre de 1978 cuando esta mujer se puso de parto. Ella y su marido fueron al hospital con la comadrona. Todo parecía normal. Sin embargo, cuando ingresó en el quirófano, enseguida el equipo médico comenzó a moverse con nerviosismo y a comunicarse en voz baja. No le respondieron a la pregunta de si algo iba mal, pero le insistieron en que empezara a empujar. Ella les dijo que aún no tenía contracciones. Alguien acercó con prisa la mesita del instrumental quirúrgico. El marido se desmayó, y esto parece que fue lo último que vio aquella mujer. Lo que siguió ya era cosa de otra dimensión. Así lo contó ella cuando regresó.

> *De golpe me doy cuenta de que estoy mirando hacia abajo, observando a una mujer tendida en la cama con las piernas sobre los estribos. Veo a las enfermeras y a los médicos, presos del pánico. Veo un charco*

de sangre sobre la cama y en el suelo. Veo unas enormes manos presionando con fuerza la barriga de la mujer. Y entonces veo a la mujer dando a luz a un niño. Se llevan al bebé a otra habitación de inmediato. Las enfermeras parecen abatidas.

(...) De nuevo soy testigo de una gran conmoción. Veloz como una flecha, vuelo a través de un túnel oscuro. Me embarga un sentimiento de paz y dicha que me sobrepasa. Me siento intensamente satisfecha, feliz, serena y llena de paz. Oigo una música maravillosa. Contemplo hermosos colores y flores primorosas en un vasto prado. A lo lejos hay una bellísima luz, brillante y cálida. Ese es el lugar hacia el que debo marchar. Vislumbro una silueta con vestimenta clara. Esa figura me está esperando y extiende una mano. Tengo la sensación de que se trata de una bienvenida efusiva y afectuosa. Cogidas de la mano, nos movemos hacia esa hermosa y cálida luz. Entonces ella se desprende de mi mano y se da la vuelta. Siento que algo está tirando de mí. Reparo en una enfermera, que me abofetea con fuerza las mejillas y me llama por mi nombre.

Esta mujer había tenido una hemorragia al comenzar el parto, pero al principio nadie se percató. La criatura nació muerta y ella también lo estuvo. En 1978, cuando esta historia sucedió, quienes vivían una experiencia cercana a la muerte solían guardarla en silencio. Era algo extraño; apenas había estudios sobre ello; la gente desconocía que era una vivencia bastante común en personas recuperadas de una muerte clínica, y nadie preguntaba a los protagonistas qué recordaban de su muerte. Esta mujer tardó veinte años en encontrar a alguien (en su caso un psicólogo que la trataba de una depresión) que supiera de qué iba todo aquello y la animara a escribirlo. El salto adelante en el conocimiento general de las ECM, en estos últimos tiempos, ha sido debido al empeño y a las investigaciones de médicos y sociólogos. Quiero destacar, entre bastantes más, dos nombres decisivos.

El primero es Elisabeth Kübler-Ross. Doctora en Medicina, "honoris causa" por varias universidades, era una experta mundial en tanatología y autora de libros conocidísimos, no solo entre el personal sanitario, sino entre el público en general, como *Sobre la muerte y los moribundos*. Fue precisamente su dedicación intensa al cuidado de los enfermos incurables, cuando la medicina solía retirarse al concluir que ya nada se podía hacer, la que le llevó sin pretenderlo a descubrir un caso de experiencia cercana a la muerte: el de la señora Schwarz, muy parecido al relatado anteriormente. Lo explica en su libro *La muerte: un amanecer.* A partir de ese momento, Kübler-Ross puso en marcha una investigación en varios países, con gentes de todas las edades, razas y creencias, de personas que tenían algo que explicar tras estar clínicamente muertas. Las conclusiones de su estudio coinciden con otros y ella las resumió así en un texto de 1980:

> *Desde el momento en que dejamos nuestro cuerpo físico nos damos cuenta de que no sentimos ya ni pánico, ni miedo, ni pena. Nos percibimos a nosotros mismos como una entidad física integral. Siempre tenemos conciencia del lugar de la muerte, ya se trate de la habitación donde transcurrió la enfermedad, de nuestro propio dormitorio en el que*

tuvimos el infarto o del lugar del accidente. Reconocemos muy claramente a las personas que forman parte de un equipo de reanimación o de un grupo que intenta sacar los restos de un cuerpo del coche accidentado. Estamos capacitados para mirar todo esto a una distancia de metros sin que nuestro estado espiritual esté verdaderamente implicado.

Los estudios que impulsó Kübler-Ross abarcan tanto casos de resucitación como experiencias en coma o con moribundos. Kübler-Ross ha subrayado en sus conclusiones uno de los rasgos de las ECM: la presencia de seres queridos que ya habían muerto, aunque fuera muy poco tiempo antes, recibiendo a quien acababa de fallecer. Nadie muere solo, decía una y otra vez. La siguiente historia, en este caso de una mujer en su último suspiro, refleja este rasgo del viaje al más allá.

La protagonista era una joven india americana. Fue atropellada y el conductor se dio a la fuga. Un extranjero acudió a auxiliarla. Cuando la tenía en sus brazos, la joven le dijo que se estaba muriendo, pero que había algo muy importante que podía hacer por ella. Si un día iba a la reserva india en que vivía su familia, que le dijera a su madre esto: "Que estaba bien y que su padre estaba ya muy cerca de ella". Así expiró.

El hombre se dirigió de inmediato a la reserva, que se hallaba a mil kilómetros del lugar del accidente. Cuando se lo explicó a la madre, esta le informó de que el padre de la joven había muerto de un fallo cardiaco sólo una hora antes del accidente de la hija.

Los estudios sobre ECM no han dejado de crecer en las últimas décadas. Uno de lo más actualizados y completos es

"Consciencia más allá de la vida", del cardiólogo holandés Pim van Lommel.

En 1969, ya ejerciendo en un hospital, Van Lommel consiguió recuperar de un paro cardiaco a un paciente que había estado cuatro minutos inconsciente y con el corazón parado. Todo el equipo celebró el éxito, menos el paciente, que se mostró de entrada decepcionado por lo que había tenido que abandonar al volver a la vida. Un túnel, luz, colores, música, un hermoso paisaje componían la vivencia sorprendente de la que no deseaba marchar. Pim van Lommel no sabía de qué estaba hablando aquel hombre.

Pero en 1986 leyó el libro que ya cité al principio: *Regreso del futuro* de George Richtie, y decidió indagar entre los pacientes que en su centro médico hubieran sobrevivido a una muerte clínica. Para su sorpresa, escuchó doce relatos sobre un total de cincuenta reanimados, con rasgos muy parecidos. A partir de ahí comenzó su propia investigación durante veinte años, cuyo fruto es este "Consciencia más allá de la vida". Son muchos los casos que relata. Escojo uno especialmente sorprendente.

Vicki nació prematura, en 1951, y en la incubadora se le suministró oxígeno al 100%. Esto le provocó una ceguera total. A los 22 años sufrió un gravísimo accidente de coche que le produjo fractura de la base del cráneo y conmoción cerebral. En el hospital se afanaron en recuperarla, al principio sin éxito, cuando sus constantes fallaron. Lo relevante es que Vicki vio todo lo que estaba intentando el equipo médico. Para ella fue terrorífico en un primer momento, pues nunca había visto nada. Consiguió reconocerse por el anillo de boda (que conocía por el tacto) y por su pelo. Después dejó el hospital y llegó a donde, tal como explicó, "había árboles, pájaros y bastante gente, pero todo ello estaba hecho como de luz y podía verlo, y era increíble, realmente bonito, y me sentía aturdida por esa experiencia, porque antes ni siquiera era capaz de imaginar cómo era la luz".

Vicki contó que fue recibida por dos compañeras del colegio, Debby y Diane, también ciegas, que habían fallecido años atrás. Ya no eran niñas, y "en aquel lugar parecían brillantes y hermosas, sanas y vitales".

De nuevo el papel de los seres que reciben a quien comienza a adentrarse en el espacio más desconocido para los seres humanos. Van Lommel recoge más relatos que abundan en este hecho. Este es otro de ellos.

> *Durante mi* experiencia cercana a la muerte *a consecuencia de un paro cardiaco, vi tanto a mi abuela ya fallecida como a un hombre que me observaba afectuoso pero al cual yo no conocía. Transcurridos más de diez años, mi madre me confió en su lecho de muerte que yo había nacido de una relación extramatrimonial; mi padre biológico era un hombre judío que había sido deportado y exterminado en la Segunda Guerra Mundial. Mi madre me enseñó una fotografía. El hombre desconocido que había visto más de diez años antes durante mi* ECM *resultó ser mi padre biológico.*

Hago ahora un alto en las historias para formular una reflexión que reclama unas líneas. Se trata de una conclusión posible de estos relatos, recogida y tratada por Van Lommel y otros investigadores. Si el cerebro queda inactivo durante la experiencia cercana a la muerte (se han hecho comprobaciones irrebatibles, como el famoso caso de Pam Reynolds), todo apunta a que la mente humana puede actuar sin el cerebro, es decir, sin base biológica. Y, por tanto, aunque el cuerpo quede fulminado, el ser humano es algo más, una realidad que continúa más allá de la vida, o mejor, en una siguiente etapa de la vida. No hace falta subrayar la trascendencia de esta posibilidad hacia la que apuntan todas estas experiencias.

Y ahora, una referencia personal. Mientras buscaba información para este "Cuando morir es volver", yendo de caso en caso de regresos del más allá, recibí el anuncio de la visita de unos amigos de mi familia. Se trataba de un matrimonio en la década de los setenta, residentes a unos 400 Km. de mi ciudad, que una vez al año viajaban para pasar unos días con todos nosotros. Y aquello que llamamos el misterio de la vida volvió a actuar, no sé cómo ni por qué. Yo había olvidado completamente que ella había estado clínicamente muerta. Sucedió veinte años atrás. La llamaremos María. A su marido, Gabriel. Son personas comunicativas, aunque de este hecho nunca habíamos hablado. María no tuvo ningún problema en abrirme la puerta de su experiencia, aunque el rato en que conversamos estuvo rodeado de cierta solemnidad. Gabriel la escuchaba. Él también tuvo su papel, en el lado de acá, en este viaje de María, que transcribo con sus propias palabras.

Un día al despertar me di cuenta de que había tenido un sueño y se lo expliqué al momento a mi marido. Se trataba de que me llevaban al hospital para hacerme una revisión completa. El caso es que entonces yo no me sentía mal, pero no lo dudamos y fuimos al hospital siguiendo el sueño. El primer médico me dijo que notaba algo en la matriz. El segundo, el ginecólogo, lo confirmó y quiso que me hiciera una ecografía. Así me detectaron un tumor del tamaño de un garbanzo en la matriz. Me propuso operar y yo no quise retrasarlo. Quedamos para la misma semana. Cuando estaba en la operación comenzó todo para mí.

Mientras María vivía lo que viene a continuación, el médico salió del quirófano y tuvo que comunicarle a su marido que lo lamentaba mucho, pero que su esposa se les había ido. El corazón había fallado al final de la operación. Tan irreversible fue el mensaje, que Gabriel llamó sin demora a los parientes más próximos para comunicar la defunción de María. Sin embargo, al cabo de un rato una enfermera, alborozada, le fue a buscar para darle la sorprendente noticia: el corazón de María había vuelto a latir. Estaba recuperando la conciencia. Lo que viene a continuación es lo que ella había vivido en aquellos minutos trágicos para su marido y tan distintos para ella.

De pronto me encontré viendo desde arriba cómo operaban a una mujer, que entonces no reconocí que fuera yo. Enseguida se formó a mi alrededor una energía luminosa; había muchos puntitos dorados. No era exactamente un túnel, pero la energía se iba abriendo paso mientras me llevaba adelante. No había ningún sonido, si acaso como una suave brisa que daba paz. Aunque al principio no había nadie, yo me sentía arropada por aquella energía. Divisé al fondo un grupo de gente con túnicas blancas. Vi un jardín, plantas, árboles ¡todo era precioso! Y una de aquellas personas abrió los brazos para recibirme. Yo quería llegar ya a ellos. Pero entonces se oyó una voz: "María, aún no es tu tiempo". Esto es lo que dijo exactamente, y quien me esperaba con los brazos abiertos, los bajó de inmediato. Y fue como si la misma energía que me había llevado hasta allí me devolviera a mi cuerpo, aquel que al principio no había reconocido como mío.

Los investigadores de estas experiencias han llegado a la conclusión de que quienes las viven salen transformados de ellas y suelen dar un salto espiritual muy importante. Pregunté a María si algo había cambiado en ella.

Sé positivamente que hay algo después. No tengo ningún miedo a morir. También sé que no se nos castiga. Somos nosotros los que nos castigamos con nuestras acciones. Y no me siento nunca sola. Agradezco cada día todo lo que tengo.

Muchas otras historias, muchos otros nombres de investigadores podría añadir a la lista de protagonistas de este "Cuando morir es volver", pero hay que poner un punto final. Sin embargo, tengo la sensación de que esta historia de revelaciones del camino desconocido que nos espera a todos, no ha hecho más que empezar.

* * *

19

Antonio Blay estuvo aquí

Antonio Blay estuvo aquí, viviendo muy cerca de la que era mi casa, hasta que tomó el último tren de la vida, y quisiera explicar qué importancia tuvo esto. Yo había iniciado en el 1980, a los 29 años, recuerdo casi el día exacto y, desde luego, el motivo, un intento de entender mejor algunas cosas. O dicho sin más, de pronto me di cuenta de que tenía mucho por descubrir: dentro de mí, en los demás y donde los ojos de este mundo comienzan a ver borroso. Así que comencé a moverme. Lecturas nuevas, algunas conferencias, un poco de silencio interior... Supongo que iba haciendo lo que podía, pero desde luego le ponía ganas. Lo que nadie me dijo fue que Antonio Blay, cuyo pensamiento comencé lentamente a conocer en aquellos años, mantenía diálogos sobre su ya extensa obra en su propia casa, que estaba a tres manzanas de la mía. Me enteré poco antes de aquel día de agosto de 1985 en que dejó de dar cursos definitivamente.

Y explico esto porque conocer a Blay me hubiera venido muy bien, tal como fui descubriendo años más tarde. Antonio Blay (1924-1985) había ejercido la psicología clínica, y antes había dirigido una institución bastante conocida en los años sesenta: la Ciudad de los Muchachos. Compaginó su trabajo y su familia (tuvo esposa y dos hijas) con viajes de formación a Suiza y a la India y con una gran dedicación al estudio. Comenzó a escribir libros y más tarde resolvió abandonar la práctica de la psicología y dedicarse sólo a dar cursos y conferencias. En Barcelona, Madrid, Bilbao, San Sebastián, Andalucía y Valencia. El título más frecuente de sus encuentros era el de *Psicología de la autorrealización*. Pero se consideraba un psicólogo jubilado. Cuando le preguntaban qué era, decía que no sabía muy bien qué contestar, aunque era evidente que le traía sin cuidado. Hacía lo que deseaba hacer y lo hacía muy bien. Los asistentes a sus cursos lo corroboran y sus libros, más de treinta títulos, se han seguido vendiendo tras su muerte. Sin embargo, en su momento Blay era sólo conocido por círculos reducidos. Casi no concedió entrevistas y no aparecía en los medios de comunicación. Pese a las varias ediciones de su libro *Creatividad y plenitud de vida*", no fue el centro de ninguna campaña de promoción editorial, hasta donde yo he podido saber. En nuestro siglo XXI, con el auge de la inteligencia emocional, el crecimiento personal, los diversos caminos de espiritualidad, y con la oferta de libros, revistas, programas de radio y de televisión que tratan de todo ello, hubiera sido difícil que Blay se mantuviera en el plano discreto que siempre deseó tener. Pero no es descartable que lo hubiera conseguido. Nunca quiso crear escuela, ni menos tener seguidores. Pretendía algo distinto y yo hubiera podido tomar apuntes de todo ello, en directo, si hubiera sabido que Blay estaba aquí mismo, explicando tantas cosas en mi barrio.

Sin embargo, no es del todo cierto que yo no llegara a asistir a sus sesiones. En los años ochenta y noventa circulaban de mano en mano cintas de sus cursos. Las escuché repetidamente. Y sus libros estaban en las librerías. Fueron llegando a mi biblioteca. De manera que la palabra de Blay me acompañó mucho y me hizo pensar más. E incluso puedo afirmar que, en cierto modo, a través de todo ello llegué a conocer un poco a Blay. No he de forzar apenas el relato si digo que sí "asistí" a sus cursos y que "crucé" varias veces la puerta de su casa tras tantas horas de cintas y de libros. Así que estas son algunas de las notas que tomé cuando "visitaba" a Antonio Blay, en aquel piso al que podía llegar como quien sale de casa para comprar el pan.

El primer encuentro

> *Todo lo que explico ha de ser experimentado. No interesa decir "estoy de acuerdo", sino ver si sirve de base para un trabajo, para una experiencia personal. Lo que yo diga no es para ser creído ni aceptado, sino para ser mirado.*

Así inició el ciclo de charlas aquel hombre de aspecto tan común que no pretendía convencer ni demostrar nada, sino mostrar. Quedaba claro que sólo iba a proponer unas pistas para que cada uno hiciera un trabajo interior, y que esa experiencia personal era lo único que valdría la pena en aquel proyecto, al que él se refería como "autorrealización".

¿Cómo había que entender aquella palabra clave? Decía que de dos maneras. Una era conseguir vivirse plenamente, ser uno mismo integrado en el mundo que nos rodea. Pero esto no era todo.

> *La autorrealización es llegar a descubrir cuál es la identidad última de cada uno, quién o qué soy, no como seres humanos particulares sino como aquello que permanece idéntico a lo largo de todos los cambios de la vida. ¿Y por qué es importante descubrir la identidad? Porque cuando se logra se resuelve todo lo que es el anhelo de la vida, porque la persona realiza su plenitud más allá de todo lo soñado y porque es el único modo de que descubra el sentido de su existencia, y de que descubra cuanto hay más allá de lo que ahora entiende por existencia. La autorrealización es un trabajo de experiencia, no un sistema filosófico o teológico al que adherirse.*

El alcance de la propuesta de Blay me desconcertó y me emocionó a la vez. ¿Una identidad inalterable y común a todos los seres humanos? ¿De qué estaba hablando? Al principio había dicho que no intentáramos relacionar los contenidos de aquel curso con cosas que ya conociéramos. Yo, desde luego, no podía relacionar lo que él llamaba la identidad última con nada de lo que ya tuviera noticia. Había entrado en la propuesta de Blay por una zona mal iluminada para mí. Pero a los pocos días volví a su casa y mereció la pena.

Qué soy y qué no soy

> *Mi vida es una actualización de algo que yo soy, que soy en el centro. Pero yo no me he dado cuenta de que era así y siempre he estado viviendo como si el exterior fuera el que me comunica, me transmite, me da...*

Esto último era lo que siempre había pensado yo, y no solo yo, supuse. Pero Blay no lo veía así. Según él, somos desde siempre un potencial que nuestro entorno simplemente puede ayudar a desarrollar.

> *Del exterior no nos viene ni un poco de inteligencia, ni un poco de capacidad afectiva, ni un poco de energía profunda. Del exterior sólo recibimos estímulos; y aún, sólo son estímulos en la medida en que los captamos desde nuestro interior.*

Ese potencial, fue explicando, era como tres focos: el de la energía, del que se derivan la voluntad, el impulso de vivir, la capacidad combativa; el foco del afecto, que sería nuestra disposición al amor, la amistad, el placer, la alegría, la belleza, la armonía... y el foco de la inteligencia, vinculado a los modos de conocimiento, a relacionar datos, abstraer, intuir... Y entre los ejemplos que puso, anoté el referido al foco del afecto. Dijo que del exterior recibimos estímulos afectivos, por supuesto, pero que era nuestra capacidad de amar la que consigue que nuestra vida afectiva crezca. Lo que nos llena, vino a decir, es el amor que damos. Esta afirmación de que *somos*, en cualquier caso, una fuente de energía, amor e inteligencia daba la vuelta a la visión habitual del ser humano. Lo explicó con cierto detalle.

> *Así pues, yo me doy cuenta de que en las experiencias yo puedo ser causa, en lugar de efecto, yo puedo ser núcleo irradiante, en lugar de ser sólo un foco receptivo. Este descubrimiento, considerando que gran parte de nuestra vida la hemos pasado viviéndonos como producto, como consecuencia del ambiente, de las situaciones, del modo de ser de nuestros mayores, de nuestros iguales, de todo en fin, este descubrimiento de que uno es un foco, un punto de partida, un núcleo a partir del cual la vida se desarrolla hacia fuera, señala todo un nuevo campo, un nuevo enfoque.*

¿Había contestado Blay, con estas explicaciones, a la pregunta clave: qué soy yo? ¿Era esta la identidad de que habló el primer día? Parecía que sí, pero más adelante supe que aquello no era todo. De momento, una duda quedó en el aire. Si somos ese potencial tan maravilloso, y todos lo somos, ¿por qué no nos va todo mejor?

Blay explicó que los miedos, las angustias, la agresividad son fruto de no vivir esa realidad que somos sino una fantasía mental que no captamos como tal. Esa fantasía es el yo ideal, aquello que compulsivamente buscamos ser, porque desde nuestra infancia nos hicimos, a través de nuestro entorno, una imagen equivocada de lo que éramos: el yo idea.

> *Uno tiende a ver el mundo según la consigna que ha recibido. Si me han dicho que soy poca cosa, y yo lo he aceptado* (yo idea), *estaré jugando toda la vida a ser mucha cosa* (yo ideal). *Pero a la vez estaré una y otra vez fallándome, sintiéndome muy poca cosa. Y aunque llegue a conseguir muy buenos resultados*

en negocios, en lo que sea, una y otra vez seguirá saliendo el "yo soy poca cosa". Si me han dicho que soy muy buena persona, yo intentaré ser siempre más bueno para no defraudar a los demás.

Y señalaba hasta qué punto la vida social está construida en torno a este yo ideal, y cómo hay que evitar pisar el yo ideal de los demás, si no queremos que nos echen la caballería por encima. Lo decía con unas gotas de aquel humor suyo que aparecía de vez en cuando.

En el yo ideal todos somos Mr. y Miss Universo. Hay que decir: ¡qué guapa estás!, ¡qué bien te queda esto! Pero nunca: ¡qué viejo te has hecho!

En el breve camino de vuelta a mi casa, resonaban aquellas palabras lúcidas, pero que de entrada también herían. Lo que uno ha creído ser (muy bueno, muy malo, muy fuerte, muy débil, listo, torpe...) es falso, decía Blay, es algo que me ha venido del exterior, pero que no me descubre mi identidad última. Uno puede haber realizado acciones buenas, malas, listas, torpes... pero eso no es lo que somos. Entonces, ¿qué soy?, cabía preguntarse una y otra vez. Y volvían las últimas palabras que había anotado:

Expresar y vivir lo que soy: Energía, Amor, Inteligencia.

Definir a alguien o a uno mismo por lo que hace, en un momento o muchas veces, era un camino erróneo. Esos modos habría que corregirlos o potenciarlos, pero no utilizarlos para concluir quién o qué es una persona. Ese era el núcleo de lo que yo llevaba en mis apuntes tras varias sesiones.

¿Y quién era Blay?

A veces escuchándole se me iba el santo al cielo y me preguntaba por él. Lo que más me llamaba la atención era su gran claridad de expresión, aunque algunas de las realidades de las que trataba ya no fueran tan claras para mí. No hablaba más de lo imprescindible, no se adornaba lo más mínimo. Sólo se permitía algunas gotas de humor que siempre acertaban en el auditorio. Recuerdo cuando un asistente a un curso le pidió una pista para saber si uno estaba avanzando en este descubrimiento del yo idea y del yo ideal que llevamos grabados en el inconsciente. Sin pensarlo ni un segundo contestó:

> *Una de las formas de saberlo es que cada vez te sientes peor. Y en otras ocasiones cada vez te sientes mejor. O sea, que esta pista… es un despiste.*

Y nos arrancaba unas risas. Lo que Blay nos proponía era un viaje personal al descubrimiento de nuestra realidad completa, no la promesa de unas mejores sensaciones, de un poquito más de felicidad, de un poquito menos de malestar. Claro está que para él valía la pena lo que en el fondo de la realidad aguardaba. Pero, ¿cómo había llegado a esa convicción? ¿Cómo había sido su camino hasta aquí? ¿Y cómo era su vida aparte de cursos, libros, conferencias?

Blay era un hombre de aspecto corriente. Era grueso, gustaba de los cigarrillos y de los caramelos. Inasequible a la adulación. Y yo intentando imaginarme cómo era el resto de su interesante vida, desde mi hábito de lector de novelas y de amante del cine. Preguntándome por sus viajes a la

India, por el origen de su lucidez, por cómo era en su casa, por si podía mantener a la familia con aquellos cursos. En definitiva, construyendo un personaje. Pero había elegido un camino equivocado. Precisamente lo que pretendía era que descubriéramos, y dejáramos disolver, el personaje que vamos arrastrando por la vida y que nos condiciona sin que apenas nos demos cuenta. Él no daba importancia a los datos de su biografía y por ello casi nunca se refería a sí mismo. Quería que enfocáramos nuestra mirada en otra dirección.

> *Es necesario que uno se dé cuenta de que lo fundamental no es lo que hace, sino el sujeto que está viviendo lo que hace. Porque este sujeto es la base, la raíz, el común denominador de todo lo que podemos vivir y experimentar en la vida. Es a lo único que podemos llamar auténticamente "yo".*
>
> *Nuestras ideas pueden ser muy importantes, pero continúan siendo "nuestras ideas", no son "yo". ¿Qué o quién es el que está viendo o valorando estas ideas? Este "quién" es más importante que las mismas ideas. ¿Quién es el que está sintiendo amor o tristeza? Este "quién" es más importante que lo que siento, porque esto va variando, en cambio, este "quién" no cambia, siempre es idéntico a sí mismo. Es la identidad, y todo lo que estoy viviendo procede de este foco central.*

Y nos explicaba hasta qué punto nuestra mente está acostumbrada a poner atención en las cosas, procesos, sentimientos, ideas, pero el denominador común de todas las experiencias que he vivido es que yo estaba ahí dándome cuenta. Ahora bien, captar el yo que se da cuenta, que siempre está ahí, era cosa de la intuición. Era una tarea derivada del centramiento, de la atención, a la que había que ir, en palabras suyas, "con paciencia, perseverancia y buen humor". Llegar a ese yo interior (más allá del yo idea y del personaje) era como ir de la ilusión a la realidad. Era fruto de la sinceridad, de buscar lo auténtico por encima del bienestar o del malestar, y por encima de convenciones. Una sinceridad que surge del fondo y que conduce al fondo, decía. Y que nos permite vivir con más eficacia y con más autenticidad.

Aquellas notas que yo iba tomando me hablaban de un hombre que había hecho un inmenso viaje interior. Pero, hasta donde yo entendía, su posible respuesta a mi silenciada pregunta "¿quién era Blay?", era que, en el fondo, él y yo éramos lo mismo. La diferencia estaba en que cada uno había desarrollado, en mayor o menor medida, aquel foco de energía, de amor y de inteligencia que todos somos. Y para que descubriéramos esa plenitud que nos aguarda, ahí estaba Antonio Blay.

Lo que quedaba por saber

Un día nos vino a decir lo de días anteriores pero de otra manera:

> *Si tú sientes la grandiosidad de... por ejemplo un Wagner al oír su música, esa grandiosidad es tuya. Cuando dices: "¡Qué tío Wagner!" Ese eres tú. Quizá Wagner vivió otra grandiosidad, quizá mayor que la tuya. Pero la que tú sientes, es tuya. Si no la tuvieras, no podrías reconocer la de Wagner.*

Era tan distinta la visión del ser humano que Blay nos mostraba de la que, en general, traíamos la mayoría de asistentes en nuestro discurso mental de siempre, que se hacía muy difícil dejar de buscarlo todo fuera de nosotros, y asumir que, como él apuntaba, de forma sutil ya tenemos lo esencial. Era imprescindible volver a lo que había dicho el primer día acerca de que sus palabras no eran para creerlas, sino para experimentarlas. Por eso proponía ejercicios, como los de centramiento, con el fin de poner la atención en el yo que está detrás de nuestra energía, de nuestro amor, de nuestra inteligencia.

Esta conexión, mayor o menor, con nuestro centro tenía consecuencias que en días posteriores fue explicando. Una, horizontal. Las relaciones con los otros.

> *En la medida en que vivo lo que soy, dejo de vivir para conseguir cosas y dejo de utilizar a los demás para que me den afecto o me escuchen, o para que me den seguridad o confirmen mi valor. En la medida en que vivo mi energía, el amor y la comprensión, los demás son la ocasión para que yo me desarrolle, a través de esta energía, este amor y esta comprensión.*
>
> *Querer a alguien no es hacerle ningún favor. En cambio, nuestro personaje siempre vive el hecho de querer a alguien como hacerle un favor muy especial, del cual espera recibir una serie de compensaciones. Querer a alguien es un privilegio, el de poder expresar en la existencia lo que soy en esencia.*

Y otro día, como una etapa más en el proceso de descubrimiento de la realidad, Blay nos llevó un poco más lejos, o mejor, bastante más lejos que en días anteriores. Él lo llamaba "niveles superiores". Sostenía Blay que cuando se ha avanzado en este proceso de descubrimiento interior, en esta disolución de las raíces inconscientes del personaje y en el contacto con nuestro centro, solía aparecer de manera natural una expansión de conciencia. Esta, en dirección vertical.

> *Este despertar vertical a veces se produce en forma de experiencias inesperadas, como una especie de flash. Pero después se va descubriendo que esto siempre ha estado aquí disponible, y poco a poco se va descubriendo que existen unos campos de energía más sutiles, una energía mucho más fina que la mental, que la afectiva o la vital, y que se viven como cualidades distintas.*
>
> *Hay un campo de felicidad extraordinaria; es un campo de luz-felicidad, amor y gozo sin límites (...). Hay otro campo de tipo mental, también de luz pero distinta, es como la matriz de las cosas que existen (...). Y hay otros niveles que se viven como campos de energía (...). Cuando la persona descubre esto, cuando irrumpe en su conciencia personal habitual, se vive siempre como algo extraordinario, algo que trastorna completamente el pequeño mundo que hemos construido con ideas, creencias y hábitos.*

Cuando Blay dibujó esta ampliación de la realidad en dirección vertical, creo que la mayoría de oyentes pensamos lo mismo: ¿estaba hablando de Dios? ¿Había Dios en la autorrealización? Pero la clave de estas preguntas estaba sorprendentemente en el primer punto de aquellas sesiones.

> *El contacto con los niveles superiores tiene una calidad, una plenitud y un valor no comparables con lo que se vive normalmente en las experiencias personales, por esto la persona siempre cree que se trata de algo distinto a ella, porque está identificada con el yo idea. Yo creo ser mi cuerpo y unas experiencias determinadas, unas ideas y unos hábitos, y cuando de repente vivo algo diferente por fuerza le atribuyo una identidad diferente de la que creo ser. Y no es así. De hecho estos niveles (superiores) son una dimensión más de nosotros mismos, son nuestra conciencia superior, nuestra conciencia y dimensión espiritual, lo que quiere decir que siempre podemos tener un posible acceso a ello.*

No sé los demás, pero al menos yo iba de sorpresa en sorpresa. De la imagen de un Dios superior y máxima expresión de todo lo bueno y de la imagen de un ser humano que necesitaba de todo, incluso que le redimieran según nos habían inculcado, se pasaba a un yo constituido de una energía, un amor y una inteligencia en nuestro fondo que podían llevarnos a una plenitud inimaginable. Pero, ¿había también lugar para hablar de Dios en la propuesta de Blay?

> *Dios no es ningún concepto. Hablar sobre Dios es como hablar sobre la comida sin comer. Y Dios no ha de ser un concepto. Dios ha de ser la experiencia viva de la realidad inmanente en mí y en todo.*

El concepto tiene sentido como señal, como indicador, pero la mente se agarra al concepto como si fuera la cosa, y convierte a Dios en cosa. Dios, que es el sujeto último, queda convertido en objeto al decir la palabra Dios.

Sin embargo, a veces Blay no tenía más remedio que usar la palabra Dios, o el Absoluto, o el Ser Primordial para referirse a una realidad que era a la vez impersonal y personal. Y no negaba en modo alguno, al contrario, la posibilidad de expresarse desde lo más hondo ante esa Presencia.

Toda esta parte de los niveles superiores suscitaba muchas preguntas que Blay no rehuía, pero tampoco alentaba. Clarividencia, telepatía, viajes astrales... y la inevitable reencarnación. Sobre esta, respondió así:

Yo no creo en la reencarnación. Para mí la reencarnación es un hecho.

Para precisar más tarde que lo que se reencarna no es el personaje, ni las ideas, ni los hábitos, sino la identidad individual que toma nuevos vehículos. Recordaba hechos vividos por él muy concretos en reencarnaciones anteriores, pero no quiso dar detalles. No quería que nos perdiéramos en experiencias que resultaban muy atractivas, pero que nos podían distanciar de la tarea primordial: la conexión con nuestro yo profundo, la superación de nuestro personaje, el desarrollo de la atención. En definitiva, nuestra capacidad para mirar y para descubrir, a través de la experiencia, nuestra naturaleza luminosa. Para Blay era muy importante llegar a las vivencias espirituales con el trabajo previo, el psicológico, lo más avanzado posible.

He de anotar aquí que, cuando Blay escribía y explicaba lo que vengo apuntando, él ya llevaba casi cuarenta años viviéndolo. Eran los años setenta y ochenta del siglo pasado. Hoy se considera a Antonio Blay precursor de la Psicología Transpersonal en España. Entonces no creo que nadie hablara aquí como él lo hacía. Su enfoque no tenía acompañantes. Aparentemente había hecho un gran trayecto en solitario. Es cierto que había una larga bibliografía en algunos de sus libros. Y también estaban sus viajes a la India y su contacto con el yoga y con el pensamiento oriental. Pero aquella propuesta hacia la autorrealización que él nos ofrecía, con etapas ordenadas de comprensión y ejercicios correspondientes, todo aquello era muy original. No recuerdo si entonces lo vi con tanta claridad como en años posteriores se me ha hecho evidente.

Lo que entonces no dejaba de sorprenderme era como su simple presencia irradiaba una inagotable música interior entre los asistentes a sus charlas. Y lo mejor era que esa música estaba también en nosotros, en espera de que la descubriéramos. Pero pasaban los días, las sesiones y los hallazgos, y yo no dejaba obstinadamente de preguntarme por el misterio que para mí tenía aquel hombre.

La única revelación de Blay

Ha sido muchos años más tarde cuando encontré un documento impagable sobre su vida. Bastante después de la muerte de Blay, su hija Carolina hizo una página web dedicada a la obra de su padre. En ella se ofrecía la posibilidad de descargar discos de sus cursos. Así lo hice con uno impartido en Bilbao en 1978, que no conocía, y en él descubrí que en una ocasión, y probablemente en ninguna más, Blay había hablado de su vida. No porque considerara que tenía interés por ser la suya, sino porque a través de algunos recortes autobiográficos quienes le escuchaban tal vez podrían entenderse mejor a sí mismos y el alcance de aquel viaje a la autorrealización que él invitaba a experimentar.

La historia ocurrió cuando Blay tendría unos diecisiete años. Subrayaba en el curso que tanto su infancia como su vida de muchacho habían sido muy mediocres: en los estudios, en los contactos humanos… Y que estaba en una época en que se hacía preguntas esenciales como tanta gente: que si Dios existía, que si había otra vida, si tenía algún sentido esta. Pero nada de lo que leía le convencía. De repente, un día le sucedió algo completamente imprevisto y de lo que no tenía ni la menor idea:

> *La historia empezó para mí cuando tenía 17 años. Una noche me desperté fuera del cuerpo en un estado de felicidad inconcebible, fabuloso. Una luz que era un gozo inenarrable, sin límites, algo de lo que yo no tenía absolutamente ningún precedente, ninguna teoría, ninguna noción teórica en absoluto. Era la felicidad total. Pero lo curioso es que en esa felicidad yo tenía la evidencia de que eso era Yo, de que no era una cosa ajena a mí, sino que esa era mi identidad. Yo en esa felicidad era yo mismo del todo.*
>
> *Y no sabía que esto era posible. No tenía ningún fervor especial. Tenía una vida diaria muy triste, me sentía profundamente alejado de todo. Había en mí una demanda, una nostalgia que no sabía formular.*

De ahí surgió una necesidad de buscar, de ir a ello y no que me tuviera que llegar así, como caído del cielo. Decidí no creer en nada. Me desprendí de mis libros. Mi propósito de investigación surgió entonces. De esto hace 37 años. Entonces no había libros sobre todo aquello.

No obstante, recuerdo un día que, como consecuencia de esta primera experiencia, en ese estado de embriaguez interior, de felicidad, de plenitud, me encontré yendo por la calle, y me metí por una callejuela, y luego torcí y encontré una librería. Entré dentro como un sonámbulo y me fui directo a un sitio y compré dos libros que no había oído en mi vida hablar de ellos. Uno era un curso que trataba de la conciencia cósmica. Algo me condujo al sitio para escoger el libro que yo no sabía que existía y que se refería a lo que acababa de vivir.

Blay no ocultaba que aquella vivencia fue el principio de su nueva vida. Todo lo que vino después: estudios, lecturas, viajes, yoga, toda la investigación que inició y prolongó a lo largo de toda su existencia, así como la decisión de comunicar sus hallazgos a quien quisiera oírle, todo ello nació de la semilla de aquella noche a los 17 años, y de otras vivencias posteriores, algunas de las cuales también explicó. Y todo aquel caudal de conocimiento tenía el objetivo de llegar a la gente para que recorriera su propio camino hacia aquella claridad dichosa que un día irrumpió en su conciencia.

Esa experiencia me dio la demostración de que existe una realidad superior hecha de felicidad y que no tiene nada que ver con ninguna teoría. Eso que me vino por las buenas, es evidente que constituyó para mí algo fundamental, y que luego yo, desde abajo, aprendí a volver a ello. Y ahí está el interés. O sea, que hay un modo de que podamos tener acceso directo a esa realidad superior, a nivel de felicidad, aunque personalmente nos sintamos metidos dentro de nuestra estructura personal y limitada. Así descubrí lo que realmente es el sentido de una forma de meditación o una forma de oración, la oración contemplativa.

* * *

Si al principio de estas notas decía que "Antonio Blay estuvo aquí", tras recuperar ahora documentos, libros y testimonios sobre él, veo que podría completar aquel titular con un "y sigue aquí". Hay acuerdo en que la influencia de sus propuestas no ha caducado, antes bien ha propiciado nuevos frutos.

Se atribuye a Blay una frase que más o menos venía a decir que las personas maduramos por sufrimiento o por discernimiento. O el dolor nos despierta, o el conocimiento cultivado nos orienta. Es mi impresión que Blay conocía a fondo el dolor humano, aunque en sus cursos no lo expresara con dramatismo, y sabía que había una posibilidad de evitarlo, en cierta medida, mostrando y facilitando el acceso a nuestro centro, si lo buscamos con sinceridad y con perseverancia. Su dedicación a ello, hizo posible que bastante gente, y todavía hoy, haya hecho ese camino de vuelta a lo que soy y no sabía.

Blay afirmaba con naturalidad que no tenía miedo a la muerte. Que la muerte no existe. Que es simplemente otro proceso de vida.

Vaya, pues, para acabar, esta anotación tomada de las sesiones en su casa, que no parecen haber acabado:

> *El hombre está irremediablemente condenado a ser feliz, pese a su heroica resistencia.*

* * *

20

Una historia tal vez demasiado extraordinaria: Manuel García Morente

La noche del 29 al 30 de abril de 1937 la vida del filósofo Manuel García Morente cambió profundamente. Lo que le sucedió a los 51 años en un sencillo apartamento de París, en soledad, lo ocultó siempre a todo el mundo, con una sola excepción. En septiembre de 1940 envió un largo escrito a un amigo, José María García Lahiguera, director espiritual del Seminario de Madrid, en el que narraba con abundancia de hechos, minuciosos detalles y largas reflexiones cuanto le aconteció la noche en que experimentó aquella transformación. Dos años después, García Morente falleció. El texto se publicó póstumamente. Él lo había titulado *El hecho extraordinario*.

Hay que explicar, antes de llegar al momento culminante de esta historia, qué hacía en París aquel catedrático de la Universidad de Madrid y decano de su Facultad de Filosofía y Letras hasta poco antes de su precipitada salida de España, así como algún apunte imprescindible de su vida personal. Empecemos por este punto.

Manuel García Morente había nacido en 1886 en Arjonilla (Jaén). De formación filosófica, tradujo importantes obras del pensamiento europeo (varias de Immanuel Kant) y fue destacado profesor universitario. En 1912 había obtenido la cátedra de Ética en la Universidad de Madrid. En 1931 fue nombrado Decano de la Facultad de Filosofía y Letras, hecho este al que pronto tendremos que referirnos de nuevo. Su pensamiento era de base racionalista y alejado de cualquier creencia en Dios. De su matrimonio nacieron dos hijas, pero enviudó. Según él mismo, su carácter era a veces duro y su imaginación y sensibilidad, intensas.

Lo que le llevó a París el 2 de octubre de 1936 fue el caos criminal que surgió en los inicios de la Guerra Civil Española. Una de sus hijas vivía casada en Toledo. Por su marido sentía García Morente "un gran cariño, mezclado con algo así como respeto y admiración". Habían tenido una hija y un hijo, aún muy pequeños en aquellos días. Pero el 28 de agosto de 1936 su yerno fue asesinado. Él recibió la noticia cuando estaba traspasando el decanato, del que había sido destituido por el Gobierno republicano, al socialista Julián Besteiro. De la impresión se desmayó. Al reponerse, pidió a Besteiro que hiciera cuanto estuviera en su mano para trasladar a su hija y nietos a su casa de Madrid. Julián Besteiro cumplió y enseguida pudo reagruparse la familia. Pero por poco tiempo.

En los días posteriores al golpe de Estado ocurrían, como es sabido, muchas cosas terribles en pueblos y ciudades de las retaguardias. Delaciones. Detenciones. Desapariciones. Ejecuciones sin juicio alguno. La familia de García Morente se pasaba casi todo el tiempo atemorizada en su casa. Algún vecino de la escalera había sido arrastrado quién sabía adónde. A los pocos días el mismo García Morente recibió el aviso de que su vida corría grave peligro. El consejo era salir de España. Consiguió un salvoconducto por medio de un ministro amigo y pudo llegar a Barcelona y de allí a París. Llevaba solo setenta y cinco francos y la angustia de haber tenido que dejar a su familia en Madrid. ¿Había hecho lo adecuado? A veces pensaba que sí y a veces pensaba que no.

Una vez en París un amigo le cedió una habitación en su casa y una señora viuda le ponía un plato en su mesa. Pero aquellos actos de generosidad no eran suficientes para tranquilizar su desazón. Por un lado, tenía que encontrar alguna manera de ganarse la vida. Por otro, anhelaba reunir a su familia con él, pero viajar y salir de un país en guerra no era nada fácil. García Morente intentaba lo uno y lo otro, pero sus iniciativas no tenían éxito. Sin embargo, al cabo de un tiempo empezaron a sucederle cosas favorables que no esperaba. Le llegó una carta de una prestigiosa editorial francesa en la que se le proponía confeccionar un diccionario francés-español. Por supuesto, aceptó. Sus estrecheces económicas comenzaban a reconducirse. Pero aún ocurrió algo mejor. Recibió un cablegrama desde Argentina de un antiguo conocido suyo. Se le proponía ocuparse de la Cátedra de Filosofía de la Universidad de Tucumán. Una magnífica oferta que solo presentaba una dificultad: no podía irse a Argentina dejando a su familia en una España en guerra. Mas el azar no había dicho su última palabra. En una de sus visitas al domicilio del filósofo Ortega y Gasset en París, coincidió con un catedrático español a quien conocía y apreciaba. Este tenía un hijo médico que a la sazón era secretario de Negrín, entonces Ministro de Hacienda del Gobierno de la República y más tarde Presidente de dicho Gobierno. El amigo se ofreció a hablar con su hijo para que intermediara en el asunto familiar, como así acabó haciendo.

En este punto la cabeza del filósofo quiso poner luz sobre su propio caso. Se sorprendía de que, en medio de tantas dificultades, sus iniciativas no funcionaban, pero al mismo tiempo, sin acción por su parte, impensables ayudas acudían en su apoyo. ¿Qué estaba ocurriendo en su vida? Es muy revelador el ensayo de respuesta que comenzaba a construir.

> *Era demasiado evidente* –escribía García Morente– *que yo, por mí mismo, no podía nada, y que todo lo bueno y lo malo que me estaba sucediendo tenía su origen y propulsión en otro poder bien distinto y harto superior.*

El filósofo racionalista y descreído en asuntos de fe necesitaba encontrar una explicación al giro que su vida había dado en pocos meses. Necesitaba encontrar un poder superior que estuviera moviendo los hilos de su desdichada vida. Más aún cuando su familia no conseguía salir de España pese a las gestiones en su favor.

> *¿Qué está haciendo de mí* –pensaba– *Dios, la Providencia, la Naturaleza, el Cosmos o lo que sea?*

Hacer entrar en sus razonamientos la posibilidad de "Dios" o la "Providencia" le producía un inmediato rechazo, pero no quedó totalmente desactivada como enseguida veremos.

Eran días crueles de abril. Se esfumaba la posibilidad de dar clases en una Universidad de Argentina. No conseguía reunirse con su familia, que permanecía retenida en España, quién sabía hasta cuándo o tal vez para siempre. En ese caso él tendría que permanecer solo en aquella ciudad, a la que se lanzaba a recorrer sin rumbo, cuando en el piso se sentía entontecido, incapaz de pensar en nada. De vuelta llegaba cansadísimo de su caminata sin sentido y una vez en la cama, no podía dormir.

No dejaba de dar vueltas a todo. Un pensamiento, entre tantos, resultó decisivo. Le estaban ocurriendo muchas cosas desde el inicio de la Guerra. Malas y algunas buenas. No conseguía saber exactamente qué inteligencia desconocida estaba moviendo aquellos hilos. ¿O eran las cosas así por puro determinismo natural, ciegos actos sin sentido ni explicación? Fue entonces cuando captó que todo lo que le ocurría eran "hechos plenos de sentido". Inteligibles e inteligentes. Le hicieran daño o se lo aliviaran. Si hubieran sido simples vaivenes de la existencia sin nada detrás que los produjera, no serían todos "plenos de sentido", se decía. Esta indagación llevó a nuestro hombre a concluir que había una Providencia tras todo su drama. Y aunque esta Providencia fuera fuente no solo de ayudas sino de momentos muy duros, el solo hecho de que pudiera existir esa instancia superior, sorprendentemente le tranquilizó. Descansó mejor que otras veces y comenzó el día 29 de abril con la determinación de proseguir sus reflexiones. Este día, vale la pena recordarlo ahora, será el que conducirá a la noche del "hecho extraordinario". Pero aún tenían que ocurrir algunos cosas impensables e imprescindibles que le llevarían hasta la altura final.

Manuel García Morente expone muchos detalles de aquel día decisivo. Lo que comió, los cafés que se preparó, el abundante tabaco, la persistencia en comprender a fondo el proceso que le había llevado hasta aquella existencia solitaria en París. Tal vez podemos imaginar, sin errar demasiado, que el filósofo, entregado a aquella investigación sobre su vida, iba detrás de algo a lo que no conseguía dar alcance, pero de cuya imprecisa existencia apenas dudaba. Fue al atardecer cuando, para tomarse un descanso, decidió encender la radio para oír música. No podía sospechar García Morente lo que estaba a punto de encenderse en su imaginación.

La emisora ofrecía un fragmento del compositor Berlioz titulado *La infancia de Jesús*. Le cautivó profundamente. "No puede usted imaginarse –explicaba en la carta a José María García Lahiguera– lo que es esto si no lo conoce: algo exquisito, suavísimo, de una delicadeza y ternura tales que nadie puede escucharlo con los ojos secos".

Apagó la radio pues no quería que otras composiciones le arrancaran del punto en que su sensibilidad exaltada se había quedado. "Y por mi mente empezaron a desfilar –sin que yo pudiera oponerles resistencia– imágenes de la niñez de Nuestro Señor Jesucristo". Su imaginación se desató y fue viendo a Jesús niño con San José, de la mano de María, en escenas de su madurez, con Magdalena, atado a la columna, camino de la crucifixión.

> *Y así, poco a poco, fuese agrandando en mi alma la visión de Cristo, de Cristo hombre clavado en la Cruz, en una eminencia dominando un paisaje de inmensidad, una infinita llanura pululante de hombres, mujeres, niños, sobre los cuales se extendían los brazos de Nuestro Señor Crucificado. Y los brazos de Cristo crecían, crecían y parecían abrazar a toda aquella humanidad doliente y cubrirla con la inmensidad de su amor...*

Aquel desfilar de escenas de Jesús, que inundaban su entendimiento, concluía con Cristo en la Cruz subiendo hacia el Cielo y con todas las gentes que le rodeaban ascendiendo con él también. Todas menos él.

> *Yo me veía a mí mismo, en aquel paisaje ya desierto, arrodillado y con los ojos puestos en lo alto y viendo desvanecerse los últimos resplandores de aquella gloria infinita, que se alejaba de mí.*

¿Cómo se explicó García Morente aquel momento de visiones interiores majestuosas? Como "producto de la fantasía excitada por la dulce y penetrante música de Berlioz", cuenta en la carta. Anotamos estas palabras porque dan idea del grado de lucidez con que manejaba una situación que para él era muy nueva y exultante. Esto nos ha de dar confianza en la precisión del relato de lo que le aconteció unas pocas horas después.

Pero sigamos el proceso de transformación interior que ya se ha activado de manera imparable. Porque aquellas imágenes de Cristo en su vida sencilla de niño, en su vida adulta y, sobre todo, en su sufrimiento y en su amor finales, le dieron a García Morente lo que andaba buscando y no sabía qué era. Hasta aquel momento el Dios, la Providencia de Dios, sobre la que especulaba como Causa, Inteligencia, Voluntad de cuanto le ocurría sin remedio, fuera mejor o peor, era el Dios teórico de la filosofía y le quedaba "demasiado lejos, demasiado ajeno, demasiado abstracto, demasiado geométrico e inhumano. Pero Cristo, pero Dios hecho hombre, Cristo sufriendo como yo, más que yo, muchísimo más que yo, a ese sí que lo entiendo y ese sí que me entiende".

Un inocente deseo le hizo suyo y quiso comunicarse con Él. Es decir, quiso ponerse a rezar. Pero el ateo que fuera durante tantos años, pese a la cultura religiosa recibida en su formación, había olvidado casi por completo las oraciones tradicionales. Mas perseveró y fue recordando fragmentos. Lo importante fue la conclusión de su empeño:

Una inmensa paz se había adueñado de mi alma.

Pero este no es el final de la historia, porque aun siendo notable este proceso de conversión religiosa tan personal, tan construido de pensamiento y emotividad iluminada, este no es "el hecho extraordinario".

Está a punto de suceder. Avancemos un poco más en su relato de aquella noche.

García Morente se sentía otro hombre. Caminaba por el piso sin ningún objetivo, se palpaba, se miraba al espejo y constataba que, pareciendo el de siempre, dentro de él había otro hombre. Había renacido.

Se sentó frente a la ventana y divisó Montmartre. Al momento enlazó con el origen de la palabra: Monte de los mártires. Y vio también en su imaginación a los primitivos cristianos con sus terribles sufrimientos en el circo romano, con las fieras, arrodillados ante el brutal desenlace de sus vidas, pero sostenidos por la gracia de Dios. (Hay en este momento una sincronía que parece que el protagonista no registró: en el cementerio de Montmartre está enterrado Berlioz, cuya música había encendido la llama de su conversión espiritual).

Aquella gracia de los martirizados cristianos estaba también hecha de aceptación. Aceptación de la voluntad divina, en los nuevos pensamientos que brotaban sin parar en García Morente. Por aquí aparece la teología incipiente del filósofo. No es este el lugar para debatir sobre ella. Se trataría, para nuestro hombre, de que la vida y los hechos de la vida, Dios nos los da, en palabras casi literales. Y ahí el ser humano los puede hacer suyos si libremente los acepta. "¡Querer libremente lo que Dios quiera!" Otro momento fervoroso en aquella noche transformante.

Que ahora sí va a dar un giro inesperado.

Llegó un momento en que se quedó dormido, pero por poco tiempo. Se despertó sobresaltado, lo recordaba bien, invadido por un sentimiento desconcertante: "miedo, angustia, aprensión, turbación, presentimiento de algo inmenso, formidable, inenarrable, que iba a suceder ya mismo, en el mismo momento, sin tardar".

Se dirigió tembloroso a la ventana. La abrió.

Irrumpió una bocanada de aire fresco.

Volvió la cara hacia la habitación y fue entonces cuando ocurrió.

> *Allí estaba Él. Yo no lo veía, yo no lo oía, yo no lo tocaba. Pero Él estaba allí. (...) No tenía la menor sensación. Pero Él estaba allí. Yo permanecía inmóvil, agarrotado por la emoción. Y le percibía; percibía su presencia con la misma claridad con que percibo el papel en que estoy escribiendo y las letras –negro sobre blanco– que estoy trazando. Pero no tenía ninguna sensación ni en la vista, ni en el oído, ni en el tacto, ni en el olfato, ni en el gusto. Sin embargo, le percibía, aunque sin sensaciones.*

> *¿Cómo es esto posible? Yo no lo sé. Pero sé que Él estaba allí presente y que yo, sin ver, ni oír, ni oler, ni gustar, ni tocar nada, le percibía con absoluta e indubitable evidencia.*

Aquella presencia desconocida, incomparable a todo, tenía efectos también incomparables, totalmente desconocidos.

> *No sé cuánto tiempo permanecí inmóvil y como hipnotizado ante su presencia. Sí sé que no me atrevía a moverme y que hubiera deseado que todo aquello –Él allí– durara eternamente, porque me inundaba de tal y tan íntimo gozo, que nada es comparable al deleite sobrehumano que yo sentía. Era como una suspensión de todo lo que en el cuerpo pesa y gravita, una sutileza tan delicada de toda mi materia, que dijérase no tenía corporeidad, como si yo todo hubiese sido transformado en un suspiro o céfiro o hálito. Era una caricia infinitamente suave…*

Aquella visita desapareció. No supo cuánto había durado. Una hora, minutos, un breve instante. Todo pudo ser.

¿Qué había pasado?

A contestar su propia pregunta dedicó los días posteriores. García Morente calificó el hecho como "una percepción sin sensaciones", algo que en Psicología, explicaba él mismo, no se concebía. Tenía que ser, consideró, una percepción del alma sola, sin la intervención del cuerpo. En el fondo, la definición no era lo más importante. Había sido un "hecho extraordinario" que siempre le acompañaría, bien que en silencio autoimpuesto, y que marcaría su vida posterior.

Desde aquella noche García Morente determinó dedicarse al sacerdocio en cuanto las circunstancias se lo permitieran. Como así acabó ocurriendo, aunque no de inmediato.

Este es el corazón de esta historia autobiográfica, pero este no es el final de la carta, y no es menor lo que se podía leer a continuación.

No quisiera interrumpir, con la aportación personal que voy a hacer, el relato de esta historia cuyos protagonistas son otros y en ningún caso quien aquí la recrea con rigor. Pero, aun siendo una historia de inmensa trascendencia espiritual, si hubiera acabado aquí, no estoy seguro de haberme implicado. Fue lo que García Morente añadió con posterioridad lo que me empujó a entrar en diálogo con él y no para apoyar sus consideraciones sino –con el mayor respeto a su íntima y extraordinaria historia– para cuestionarlas. Tan importante me pareció hacerlo.

En los párrafos finales de la carta reafirma que su vivencia, la de una percepción sin sensaciones de una presencia que le dio un gozo espiritual radiante e inimaginable, había ocurrido realmente. Sin duda ninguna. Y que, por supuesto, si Dios quería conceder esa gracia a un ser humano, lo podía hacer. Pero, y este es el punto sorprendente de las reflexiones de García Morente, que Dios hubiera decidido ofrecerle a él concretamente la luz de su Presencia, esto nuestro hombre no lo veía claro. Más que no verlo claro: negaba la posibilidad de que la mirada divina se hubiera fijado en él para concederle la gracia extraordinaria de su presencia. Concluyó que en su caso tenía que haberse debido a su exceso de imaginación y sensibilidad.

¿Por qué llegó a esta conclusión?

> *Porque me resisto resueltamente a pensar que a mí, tan depravado y miserable, haya querido Dios concederme un minuto siquiera de su presencia.*

Pero ¿esto sucede así?, nos preguntamos. Es decir, ¿Dios concede estas experiencias superiores solo a quienes se las merecen? ¿Y qué merecimientos son los indicados?

Esta conclusión desalentadora de García Morente, hemos de entenderla como consecuencia de dar por sentado que uno conoce las claves de –por así decirlo– el pensamiento de Dios. Que de esta manera acabará siendo muy parecido a la forma de pensar de la mayoría de seres humanos. En otras palabras, si acumulas méritos, consigues grandes logros. Que en esta situación serían: solo si se siguen unas directrices de ascetismo, de purificación, de mantener una moral intachable, solo en esos casos, se puede recibir tan alto favor.

El problema de enfocar así la trascendencia divina es que no hablamos de un ser Otro, seguimos hablando de nosotros. Creo que ese fue el punto que se le escapó a nuestro filósofo, tras vivir algo nuevo de raíz, que se manifestó como un gozo nunca antes probado.

Pero, ¡qué fácil es decir todo esto ahora! ¡Ochenta y cinco años más tarde! Porque ¿qué imágenes de Dios se ofrecían en la España de aquellos primeros años del siglo XX? ¿Existía la posibilidad del trato personal con Dios fuera de las pautas de la Religión? ¿De qué relatos de experiencias místicas se disponía, más allá de las vividas por santos y santas? Todas estas preguntas se vienen respondiendo en las últimas décadas de formas distintas a las vigentes en el contexto que le tocó vivir a nuestro filósofo en la hora de su renacimiento. Por ello nuestras palabras, más que dirigidas a quien protagonizó la iluminación en aquella noche de luz desconocida, y a la vez reconocible, tendrían que ir dirigidas a nosotros, lectores de su relato, que no podemos más que agradecerle su testimonio

Con todo, y antes de concluir, hay alguien a quien querría convocar en estas cavilaciones sobre el encuentro místico entre Dios y el ser humano, como testimonio de una respuesta distinta a la misma cuestión que se formuló García Morente.

Se trata del poeta y sacerdote nicaragüense Ernesto Cardenal. Nació en 1925. Treinta y nueve años más tarde que García Morente. Con una instrucción religiosa, para seguir marcando diferencias con nuestro protagonista, con un monje contemplativo como fue Thomas Merton. Pero también con algunas similitudes. Ernesto Cardenal, que tuvo una experiencia mística cerca de los treinta años, tampoco habló apenas de ello durante mucho tiempo. E igualmente se decantó por el sacerdocio tras su vivencia. Pero estos parecidos acaban cuando por fin se decidió a comentar aquel día de su deslumbramiento. Él no tuvo dudas de que había sido bendecido por la Gracia divina. Y no por considerarse merecedor de ello. Decía: "Dios nos la da a veces a los más débiles, que somos quienes más la necesitamos".

Ya en verso, y con humor y atrevimiento, hacía hablar así a Dios.

No te escogí porque fueras santo
o por tener madera de santo.
Santos he tenido demasiados.
Te escogí para variar.

Aunque, si bien se mira, Cardenal estaba haciendo lo mismo que García Morente, aunque llegando a conclusiones distintas; esto es, entrar supuestamente en el pensamiento de Dios. Pero, ¿acaso se puede evitar en todo momento? ¿No es un impulso disculpable como primer intento de comprensión en situaciones excepcionales como estas? ¿No ocurre algo parecido cuando se intenta expresar con palabras este tipo de vivencias que escapan a la lógica humana? No se puede, pero se intenta igualmente. La Realidad que ha llegado de forma inesperada es distinta a todo lo vivido, coinciden en prosa y en verso quienes la recibieron. Y, sin embrago, sus palabras, aun resultando insuficientes, algo nos dicen, algo nos sugieren, algo nos acercan a aquello que les ocurrió y les enmudeció por un tiempo. Gracias a estos imposibles intentos de expresar lo inefable, tantos hombres y mujeres hemos sido, somos y seremos acompañados en nuestro camino hacia un no sé qué, que a otros inundó de no sabemos exactamente qué. Una bendición.

Llámense sus protagonistas, por apuntar algunos cercanos, Teresa de Jesús, Juan de la Cruz, Ernesto Cardenal o Manuel García Morente.

* * *

21

La línea de la ausencia

Nada más conectar los auriculares en el AVE, Claudio se encontró con el *Hallelujah* de Leonard Cohen en la buenísima versión de Rufus Wainwright. Cerró las ventanas de su mundo y no le faltó nada. Hasta que un pensamiento interrumpió el hechizo. ¿Le habría gustado aquella música a Antonio?

Este fue el único tema en el que no había manera de que se entendieran. De Bach, Claudio sólo reconocía los Conciertos de Brandenburgo, pero jamás había escuchado una misa. Y de la altura misteriosa de "La flauta mágica", sólo había retenido las gracias del tal Papageno. Otros conciertos de Mozart le parecían bien, pero en dosis ajustadas. Sin embargo, mucho peor era la resistencia musical de Antonio. La llamada música pop simplemente no existía. Y el rock, colado furtivamente en su casa por alguno de sus hijos, sólo tenía una virtud: enmudecer a la cuarta nota. Con lo listo que era para tantas cosas y jamás consiguió Claudio que su amigo repitiera aceptablemente el nombre de Bruce Springsteen.

Sin embargo, en los últimos meses de Antonio, hubo en esto, como en tantas otras cosas, algunos cambios. Cuando la geografía de sus desplazamientos se redujo de la gran ciudad a su pueblo de residencia, y de ahí pronto sólo a su casa, para acabar instalado en su habitación, Antonio comenzó a oír la radio por las noches y comenzó a renovar un poco las partituras de su banda sonora. Alguna fusión de flamenco y pop le llegó al alma.

Hubo un tiempo en que los diez años que Antonio le llevaba a Claudio eran muchos, pero cada vez fueron menos, y llegaron a hablar de casi todo, de filosofía, de psicología, de poesía, de cine, de sexo, de espiritualidad, y hubo también confidencias por ambas partes. Si se hubiera medido el tiempo de posesión de la palabra a lo largo de aquella amistad, tal vez hubiera dado sobre el 70% para Antonio. Pero Claudio estaba acostumbrado a escucharle, no en vano había sido su alumno, y en varias ocasiones fue él quien tomó la iniciativa y le descubrió algún libro que acabó siendo muy importante para el amigo. Esto y que cuando Antonio escuchaba emitía una enorme sensación de presencia contribuyeron a una comunicación equilibrada, sin altibajos, que con los años se fortaleció.

A lo largo de aquellos treinta años de relación, la vida había zarandeado con bastante fuerza a Claudio tres o cuatro veces. Antonio estuvo siempre cerca. Hubiera querido ahorrarle el dolor, pero no podía; así se lo dijo. Además, secretamente pensaba que aquellas amarguras iban a desaparecer pronto para dejar paso a un Claudio mejor. Encontrar, a través del dolor, la íntima esencia de lo real: la ternura. Ese había sido otro de sus descubrimientos. No hablaba en vano. Cuando Antonio intervino en el funeral de su primera esposa, dijo que ella, en aquel momento, era como un tarro de perfume que se había roto. La intensidad de su olor se iba a notar como nunca. Y así ocurrió. Aquel día Antonio llevaba una camisa que Claudio le había prestado el día anterior, cuando compartieron algunas palabras y bastantes silencios.

Antonio Marsal trabajaba para editoriales y era así como entraba alguna cantidad de dinero en su casa. Después escribía sus propios ensayos para los que no había editoriales. El dinero era para él algo imprevisible. No llegaba con regularidad, pero cuando hacía mucha falta, aparecía. Y entonces solía compartirlo. Una de aquellas ocasiones en que cobró unos atrasos, antes de tener familia, invitó a Claudio a cenar en un típico restaurante de pescado junto a la playa. Aprender a celebrar, esa era una de sus claves. Celebrar lo excepcional y lo habitual. El pago de un trabajo y la existencia de un amigo. Después del rape con almejas, caminaron por la arena. Había un zapatito de niño perdido en un rincón. Antonio lo encontró e intuyó que tenía algún sentido, como tantas veces hacía con los hechos azarosos. A los pocos días supo que estaba en camino su primera hija, de la que Claudio acabó siendo el padrino y, en la niñez, el rey Melchor.

Un día, ante su familia al completo y sin que viniera a cuento, Antonio había dicho que si se moría, no pasaba nada. Otro día, esta vez con Claudio delante, afirmó que iba a ser un autor póstumo. Decía que perder el miedo a la muerte hacía perder el miedo a vivir. Claudio escuchaba con un poco de miedo a una cosa y a otra. Y muchas veces recordó una anécdota de Goethe que Antonio, después de acabar una biografía sobre el grande de las letras alemanas, le había contado. Cuando Goethe quería comunicarse con algún amigo fallecido, ponía frente a él una silla vacía y le hablaba.

Ellos dos pasaron muchas horas frente a frente en conversación, aunque Claudio, a menudo, se dedicara sobre todo a tomar apuntes mentalmente. Antonio era un filósofo sin filosofía concreta. Era un teólogo apartado de la orden religiosa que había profesado. Era un poeta que no escribía versos. Y un hombre de espiritualidad que sabía que todos los caminos, en el mejor de los casos, eran solo inspiración para el camino de cada uno. Había que tratar las palabras con mucho cuidado. Con Rilke, "amigo íntimo" de Antonio, decía sobre Dios que: "Sólo sé que me elevo desde un calor que es suyo". Claudio atendía.

Cuando Antonio tuvo que admitir el diagnóstico como nuevo habitante de su vida, Claudio le visitaba una tarde por semana. Siempre su amigo había comido más por ilusión que por pasión. Y en aquellos tiempos lo de comer iba de capa caída. Por eso en sus visitas le llevaba dos pequeños manjares que le deleitaban: galletas de arroz y una leche con vainilla, que se bebía como si fuera horchata. Le sabían a gloria. Cuando Claudio le veía disfrutar la golosina, en su uniforme de pijama y bata, pensaba a veces que igual iba a ser verdad lo de escritor póstumo. Antonio Marsal había encargado a una imprenta unas ediciones reducidas para sus amigos de lo mejor que había escrito. Las gestiones editoriales no habían ido bien. Quizá un día, más tarde, irían mejor. Si entonces alguien le preguntaba qué relación había tenido con el autor, él podría contestar: "Yo era el que le llevaba la merienda".

* * *

Se dio de verdad cuenta de que ya no estaba seis meses después. Había descubierto un libro de un autor que escribía cosas así:

Dios mío, ¿por qué habéis inventado la muerte?, ¿por qué habéis permitido que venga una cosa semejante? Es tan agradable la vida en la tierra, vuestro paraíso tendrá que ser deslumbrante para que la ausencia de esta vida terrenal no se haga sentir en él, necesitaréis ingenio para darme una alegría tan pura como la del aire fresco de una mañana de abril, sí, necesitaréis mucho talento y por consiguiente amor para que no llegue a vuestro paraíso ninguna nostalgia de esta vida, herida, pequeña, muda.

Era de un tal Christian Bobin y Claudio comprendió amargamente que no podría regalárselo a Antonio. Estaba seguro de que lo habría disfrutado más que él mismo. Cuando releyó ese casi lamento por tener que habitar el paraíso de los muertos, empezó a preguntarse cómo estaría entonces Antonio, al otro lado de la línea tras la que había desaparecido. ¿Sereno? ¿Maravillado? ¿Enmudecido? ¿Preocupado por la desconexión con sus hijos, con su mujer? Las preguntas se iban poniendo en fila: ¿Se entera de algo de lo que aquí nos pasa? ¿Con quién se ha encontrado? ¿Con la esposa que se le murió? ¿Con Goethe? ¿Hay libros allí? ¿Hay bancos para leer? ¿Hay cuerpo para sentarse? ¿Se duerme? ¿Suena Bach si alguien lo pide? Bruce Springsteen, seguro que no. ¿O sí? Claudio no sabía nada de nada del otro lado. Sólo una certidumbre, que era casi certeza, y sus motivos tenía, de que Antonio Marsal estaba de alguna manera inimaginable en algún lugar impensable. Lo que no era poco. Pero el silencio entre los dos se hacía cada día más espeso.

* * *

Yo también había sido alumno de Antonio Marsal y tuve algún trato posterior con él, pero mi relación con Claudio venía de más lejos y se había mantenido siempre muy estrecha. Como él sabía que andaba yo recogiendo historias de momentos excepcionales en la conciencia humana, quiso aportarme lo que le ocurrió con Antonio cuando ya nadie podía visitarle en ningún sitio, y cuando la ausencia, a medida que pasaban los meses y los años, se hacía cada vez mayor. Este fue el texto que me envió.

Siempre hablamos del dolor de la pérdida, del duelo por los que se nos han ido, del vacío que nos han dejado, pero también el poeta dijo: "¡qué solos se quedan los muertos!", y quizá valdría la pena hacerle un poco más de caso. Si creemos que la muerte mata, podemos mantener un recuerdo en el corazón, por supuesto, pero es tan fuerte el peso de la vida de cada día, que el olvido tiene bastante vía libre para su empeño. Pero si se siente, y se piensa, porque son vivencias y son también hechos, aunque se los considere de valor subjetivo, que la muerte nos envía a otro mundo, con ciertos cambios, sí, pero sin amnesia de lo vivido aquí, entonces uno puede sentirse llamado a la búsqueda. A la búsqueda de algún contacto. A no darle por perdido. Ese fue mi caso con Antonio Marsal.

Durante algún tiempo pensé en sentarme frente a una silla vacía, como un Goethe más, iniciando una conversación solemne con Antonio, pero le verdad es que lo iba aplazando. Llámale sentido del ridículo o lo que sea, pero aquello no iba conmigo. Tenía que haber otra manera. Tardó en llegar, pero llegó.

Surgió por primera vez cuando yo estaba pasando una mala temporada. Tú sabes a qué me refiero y lo aturdido que me quedé con aquella ruptura no deseada, después de tantos años, y cómo intenté inútilmente arreglar algo que no entendía. Total que una noche, mientras iba conduciendo, rompí el bloqueo. Las ventajas de ir solo en coche son bastantes, aunque ninguna para el medio ambiente, ya lo sé. Pero aislado en tu cápsula, aferrado al volante y con la vista firme al frente, te puedes poner a conversar con el más allá sin apenas margen mental para preguntarte qué te crees que estás haciendo. Antonio conocía mi historia, aunque no las últimas noticias, claro, pero de ponerle al día yo mismo me encargué. Sí, es cierto que estaba muy sensible aquel día, más hablador de lo normal, un poco ausente del mundo en aquel trayecto en coche, lo que quieras, pero en cuanto acabé las explicaciones, sonaron en mi cabeza dos frases con una voz que no era la mía: "Va a cambiar. Dale tiempo". Yo sé que esas frases no las creé yo. Me alcanzaron demasiado rápidas, no tuve tiempo ni de pensar nada entre mi exposición del problema y lo que consideré una respuesta. Bien, el hecho cierto es, como sabes, que al cabo de un año se cumplió la profecía y se produjo aquel vuelco de la situación que entonces no podía ni imaginar.

Pero no quise abusar de la gracia recibida. Comprendí que él seguía estando y eso era abundancia pura. La palabra continuidad, continuidad en la ausencia, se me alojó en la cabeza. Pero no se iba a manifestar en cualquier momento. Me pareció que era tiempo de esperar más que de empeñarme en buscar.

Y sucedió que un día me entrevisté con un editor para ofrecerle uno de los ensayos que Antonio había hecho imprimir sólo para amigos y que apenas habían circulado entre un centenar de lectores. Es importante hacer notar aquí que Antonio, unos años atrás, había traducido y prologado un libro de Rilke para aquella editorial. El editor había quedado satisfecho de aquella colaboración, pero dudaba. El nombre de Antonio Marsal no decía casi nada en el mundo del libro y, además, él no estaba aquí para presentar y defender su obra, pensé yo en silencio. Parecía que el editor no lo veía claro, y yo veía claro que la entrevista se estaba acabando, cuando sonó su teléfono. Era un amigo suyo que estaba haciendo un crucero, cosa que él ignoraba. Primero el diálogo fue bullicioso, fraternal, divertido, pero en un momento dado al editor le cambió la cara, se dedicó sólo a escuchar y de vez en cuando me dedicaba alguna mirada cuyo sentido yo no lograba descifrar. Al colgar me anunció que iba a editar el libro. ¿Sabes lo que había pasado? Pues que el amigo que estaba de crucero había encontrado en la pequeña biblioteca del barco un ejemplar de los libros de su editorial y este era, precisamente, el de Rilke, que había traducido y prologado Antonio. Al amigo turista le había sorprendido tanto encontrar un ensayo de los que él editaba en un lugar donde básicamente se jugaba, se tomaba el sol, se comía a todas horas y se bailaba la conga al anochecer, que había decidido llamarle. Yo no sé quién, ni cómo, movió no sé qué hilos para que las cosas sucedieran con aquella precisión y se pudiera editar uno de los libros que Antonio nos había dejado a los amigos como en custodia. Pero la sensación de que algo se movía en aquel mundo desconocido al que yo no pertenecía, pero Antonio sí, fue indiscutible. Y otra profecía de Antonio se cumplía: iba a ser un autor póstumo.

Yo, por supuesto, deseaba que se produjeran aquellas señales pero, como te dije antes, me limitaba a esperar que la chispa se encendiera por sí sola. Así fue como ocurrió de nuevo con un asunto de mi trabajo. Hace un año, más o menos, yo publicaba entrevistas de tipo cultural en una revista. Era el año del centenario de un poeta al que Antonio había dedicado uno de sus libros casi inéditos. Pero también había dado una conferencia sobre él unos diez años antes, donde había conocido al hijo del poeta. Era a este a quien yo me dirigía a entrevistar, pues se había encargado de ordenar y reeditar el legado de su padre. Vivía en otra capital y yo había concertado por teléfono la cita con él. Cuando enfilé la autopista, de nuevo dentro de la nave que una vez ya me había teletransportado a otros mundos, sentí una fuerte presencia de Antonio. Era natural, iba a ver al hijo de un poeta por el que sintió devoción y al que consagró años de lecturas, reflexiones y escritura. Así que me salió de la manera más natural hablar de nuevo con él, explicarle lo que iba a hacer y, ya en uno de mis mejores niveles de buen humor, invitarle a que viniera conmigo a la entrevista. "Pero si vienes –añadí–, abróchate el cinturón". La réplica fue instantánea: "Sí, más vale que me lo ponga, no me vaya a matar".

Ya sé que la mente humana es muy compleja, muy rápida de conexiones y que puede parecer que me estaba autoengañando. Pero espera a que acabe la historia. La entrevista fue bien, una conversación fluida, interesante, amable. Tanto que al final el hombre quiso anotarme el teléfono del director de una revista, amigo suyo, donde pensaba que podía ofrecer otras colaboraciones mías. Para ello alargó la mano a un montón de papelitos, restos de folletos o lo que fuera, que él mismo había recortado y que guardaba para tomar pequeñas notas, en un ejercicio admirable de ahorro de papel. Cuando ya en el coche di la vuelta al papelito, descubrí que pertenecía al programa de mano de la conferencia que Antonio había dado sobre su padre. ¡De todos los papeles reciclables del mundo, me había tocado aquél precisamente y en aquel día! Sí, así fueron las cosas, con esa carga simbólica que me hizo enmudecer todo el viaje de vuelta. Habíamos ido juntos a la entrevista y ahora regresábamos juntos. Con los cinturones de seguridad bien ajustados, por si acaso.

No fui el único que tuvo alguna señal de Antonio, también quiero que lo sepas. Como tampoco fue la primera vez que me había pasado algo parecido. Había tenido algún sueño muy revelador y alguna coincidencia fuerte con otra persona que había fallecido bastantes años antes. Pero en el caso de Antonio la línea que separa nuestro mundo y el de quienes nos desaparecen se había cruzado más veces y de maneras distintas. No fue menor el impacto que tuvo para mí lo del médico de la última etapa de mi hermano mayor. Cuando tuvimos que aceptar en la familia que su enfermedad había rebrotado y que eso significaba, según todos los médicos, empezar la cuenta atrás, entendí que pronto ya no podría hacer nada por él, lo que entonces me desesperó. Se lo expliqué a Antonio, sí, y le pedí que, si le era posible, recibiera a mi hermano cuando dejáramos de tenerlo. No me pareció que hubiera ninguna respuesta. Pero a los pocos días tuvimos el primer encuentro con el médico de paliativos que nos habían asignado. ¡Cómo no pensar que la vida que conocemos es tan solo una parte de la realidad que nos envuelve, cuando el médico al presentarse nos dijo que se llamaba Antonio Marsal!

No siempre las cosas suceden de forma parecida, bien lo sé. No siempre tenemos tantas oportunidades de afirmar que el fin no es el fin. ¿Por qué? Lo ignoro. ¿Por qué no todos llegan a donde llegan como Antonio, y seguramente como otros, tan dispuestos a comunicarse? ¿Por qué no todo el mundo logra sintonizar aquí con esa forma de decirnos "sigo estando y tú también seguirás estando un día"? ¿Hay quien una vez al otro lado necesita el olvido de este mundo? ¿Hay en este mundo quien es mejor que olvide y no piense en todo esto? No sé prácticamente nada.

Un fin de semana estaba en un paraje un poco especial con mi esposa. Un hotel muy moderno construido junto a un monasterio medieval. El verde lo cercaba todo en aquellos días de abril. La mañana de la partida salí a dar una vuelta mientras ella hacía su maleta. Un riachuelo cruzaba feliz aquel lugar de contrastes. Me acodé en el pequeño puente de madera y contemplé ensimismado la vitalidad rumorosa de sus aguas. Sin motivo aparente pensé en Antonio. "No te preocupes. Nos encontraremos". Eso es lo que oí. Esa fue la última vez que supe de él. Creo que por ahora no puedo explicarte más.

* * *

He vuelto a leer esta historia de una amistad más allá de la línea que limita con la ausencia. No eran un secreto estos hechos, pero tampoco Claudio los contaba fácilmente. Mi avión ya lleva media hora de vuelo y me conviene distraerme con lo que sea, pues soy de los que sigue pensando que esto de aguantarse en el aire es más casualidad que seguridad. Había destinado este trayecto a ver cómo acabar esta historia, pero no encuentro la manera. Recuerdo un escrito de Antonio Marsal que una vez me dio a leer Claudio. Decía que cuando Colón descubrió América, toda Europa la descubrió.

Interpreté que cuando alguien, más adelantado que la mayoría, vive un gran descubrimiento para la conciencia humana, aun por caminos que no están del todo explicados, todos los demás estamos mucho más cerca de llegar un día a experimentar lo mismo. ¿Acabo así esta historia?

Dejo de escribir y sustituyo la pluma por un pequeño artefacto que me ha regalado mi sobrino. Creo que le llama i-pod. Sé que está lleno de canciones que él me ha preparado. De los años 80 y 90, las que me gustan a mí, porque me lo dio para mi cumpleaños, que fue hace un par de días. Echo un vistazo a la lista de músicos y me detengo en "Los Secretos", que están muy arriba en mi lista de favoritos. Imagino la canción que me ha bajado. Este sobrino me conoce bien y además nos ha salido bastante listo. Pulso la tecla. El sonido es limpio, se aloja en mi pecho y ahora viajo entre sus versos. Sé que alguien muy parecido a mí sigue un poco inquieto en un avión que, probablemente, pronto le dejará en el bendito suelo. Pero yo ahora solo estoy con "Los Secretos":

He muerto y he resucitado.
Con mis cenizas un árbol he plantado.
Su fruto ha dado
y desde hoy algo ha empezado.

Acaba la canción y sigo sin encontrar el final de la historia.

* * *

Títulos recomendados

Colección: A los cuatro vientos
ISBN: 978-84-330-3246-1
Páginas: 248
Encuadernación: Rústica con solapas
Formato : 15 x 21 cm
Edición: 1ª

Javier Urra

La vida íntima

Javier Urra se adentra en la exploración de la condición humana en su último libro, La vida íntima. Como destacado psicólogo clínico, Urra nos lleva en un viaje hacia la comprensión de un fenómeno que plantea: el desencantamiento del mundo y el sufrimiento que esto conlleva, todo ello enraizado en la creciente desconexión de la trascendencia.

El autor se distancia de la tendencia a divinizar el yo interior y, en lugar de ello, nos desafía a adentrarnos en nuestro yo profundo. Nos recuerda que, con frecuencia, lo que expresamos en palabras oculta lo que realmente sentimos y pensamos. Nos invita a la sinceridad con nosotros mismos, un camino hacia la autorreflexión y la comprensión de nuestra propia esencia.

La vida íntima se convierte así en un faro que ilumina el viaje interior, inspirándonos a explorar las profundidades de nuestra psicología y espiritualidad, uniendo la mente y el alma en la búsqueda de la autenticidad y la verdad personal. Este libro no solo es una lectura apasionante, sino también una guía para aquellos que desean adentrarse en su propio ser con honestidad y comprensión.

Colección: Serendipity
ISBN: 978-84-330-3237-9
Páginas: 184
Encuadernación: Rústica con solapas
Formato: 14 x 21 cm
Edición: 1ª

Magda Barceló Fort

Da vida a tus sueños

12 caminos para crecer y despertar

Jorge se siente al borde del colapso: tiene un trabajo en el que no le reconocen y una relación cada vez más difícil con su hijo adolescente.

Julia se ha quedado descolocada después de la maternidad y no sabe hacia dónde ir.

Después de una exitosa carrera profesional, Mireia ya no quiere seguir trabajando igual. Sin embargo, nada de lo que pone en marcha termina por funcionar.

Marc tiene treinta y pocos y quiere iniciar una nueva etapa en su vida, tanto en lo personal como en lo profesional, pero su entorno no le entiende.

Tras perder a su mujer de forma súbita, Javier no consigue encontrar de nuevo su lugar en el mundo.

A través de doce historias reales de personas que han vivido un proceso de coaching, la autora desgrana con elocuencia y generosidad doce lecciones clave que como humanos necesitamos aprender para crecer y conseguir despertar a nuestra propia naturaleza.

Además de ser una introducción inspiradora y accesible al mundo del crecimiento personal, Da vida a tus sueños ofrece prácticas, ejemplos y preguntas esenciales para evolucionar como personas a la vez que manifestamos nuestros mayores anhelos.

Colección: Serendipity
ISBN: 978-84-330-3238-6
Páginas: 160
Encuadernación: Rústica con solapas
Formato: 14 x 21 cm
Edición: 1ª

José Luis Bimbela Pedrola

Bondad práctica y radical

Yo conmigo Yo contigo Nosotros y Nosotras

Sí, todos queremos dejar un buen recuerdo. "Me gustaría que me recordaran como un buen padre, como un buen hijo, como amigo de mis amigos, como buen compañero de vida...". Todo esto le responden a Ainhoa Videgain (psico-oncóloga y admirada amiga) cuando les pregunta, digna y respetuosamente, a las personas a las que acompaña en sus últimos días de vida: "¿Cómo te gustaría que te recordaran?". Sí, los seres humanos aspiramos a la bondad. Entonces... ¿En qué momento lo olvidamos? ¿En qué momento dejamos de ejercer esa bondad que nos hace más felices a nosotros mismos y a los demás?

La ciencia, necesariamente más lenta de lo que nos gustaría, y la intuición, afortunadamente cada día más valorada, se han unido por fin y suman hallazgos contundentes y conclusiones esperanzadoras en el tema que nos ocupa: la bondad. Una bondad práctica y radical. Una bondad que nos cambia a nosotros y cambia el mundo. A mejor.

Podemos, si así lo decidimos, lo hacemos y lo entrenamos, recuperar esa capacidad, esa cualidad, esa inclinación, esa habilidad... para dar lo mejor de nosotros, para hacer el bien y hacernos el bien. En la teoría y en la práctica. En los días luminosos y en las noches oscuras. Con la intención y con la acción. En cuerpo y alma. Con ciencia y con conciencia.

Colección: A los cuatro vientos

ISBN: 978-84-330-3234-8

Páginas: 128

Encuadernación: Rústica con solapas

Formato : 15 x 21 cm

Edición: 1ª

Rafael Redondo

En tus manos encomiendo mi espíritu

El libro que tienes en tus manos es un libro de salmos. Un salmo es una comunicación musical que tiene el hombre con Dios. La canción va del hombre a Dios y viceversa. La función del salmo es crear una atmósfera idónea para mover al Espíritu. ¿Y la música?, podréis decir, ¿dónde se encuentra aquí? La música la pone el estado de gracia desde el que está escrito. Es la música del palpitar de un corazón enamorado. No se precisa más para que se produzca ese movimiento del Espíritu que nos toca y nos conmueve.

Este libro nos habla de lo que constituye el fundamento del vivir, de una realidad que habita en ti y que eres Tú mismo. Escrito desde la vulnerabilidad, contiene resonancias de resurrección, de caminos nuevos, de una eterna alborada.

Las bellas imágenes de Paloma San Román acompañan a las palabras del autor.

Colección: Serendipity MAIOR
ISBN: 978-84-330-3229-4
Páginas: 248
Encuadernación: Rústica con solapas
Formato: 17 x 22 cm
Edición: 1ª

Pepa Horno Goicoechea

Aprendiendo a habitarnos

Un modelo de intervención psicoterapéutica con personas con historia de trauma

La psicoterapia es un proceso basado en la construcción de un entorno seguro y protector y un vínculo psicoterapéutico desde el que la persona puede mirar hacia dentro, sanar heridas y aprender a habitar su edificio. Es un proceso único y diferente cada vez pero que, al mismo tiempo, es necesario sistematizar para poder brindar a la persona el rigor profesional que merece.

Este libro recoge el modelo psicoterapéutico que he construido desde mis años de experiencia profesional acompañando a personas con historias de trauma. Desarrolla el proceso desde esa primera sesión de encuadre hasta la sesión de cierre final. Incluye las metáforas y ejemplos que uso, las claves que estructuran mi mirada hacia el ser humano y mi posicionamiento como psicoterapeuta, así como el abordaje de algunas cuestiones clave para lograr un proceso psicoterapéutico legítimo y eficaz.

He acompañado a personas que al aprender a habitar su edificio han logrado cambiar su vida completa y otras que sencillamente han logrado paz para vivir sin miedo la vida que ya tenían. Son esas personas quienes me hicieron psicoterapeuta. Quienes me enseñaron a mirar, callar, sostener, incluso a temblar. Este libro es mi forma de honrarlas.

Colección: Serendipity

ISBN: 978-84-330-3205-8

Páginas: 288

Encuadernación: Rústica con solapas

Formato: 14 x 21 cm

Edición: 1ª

Enrique Galindo Bonilla

La mesa de la vida

Manual contra el sufrimiento y la desesperanza

Todas las personas padecemos situaciones dolorosas, lo que puede generar sufrimiento, que no es igual para todos, y llegar a abocarnos a la desesperanza. La sociedad en la que vivimos nos pone trampas que no cuestionamos y que, sin embargo, nos mantienen en el sufrimiento, como la esperanza, la felicidad, el amor o las expectativas.

En este libro nos hemos propuesto conjurar el sufrimiento y evitar una escalada a la desesperanza. Para ello, partimos de la metáfora de una mesa sostenida por cuatro patas:

- Tomar decisiones responsables.
- Resolver problemas.
- Modificar pensamientos y creencias erróneos.
- Diseñar un plan de vida personal, un futuro alternativo.

Sobre nuestra mesa pondremos ideas que cuestionarán nuestro sufrimiento, como que fracasar no siempre es un fracaso, que podemos aprender un método para encontrar alguna solución a los problemas, que para talar un bosque hay que proceder de árbol en árbol, o que somos capaces de modificar la forma en la que interpretamos lo que nos pasa. Al final, podremos ser capaces de encontrar un sentido a la vida, el nuestro, no el que nos dicen otras personas, y diseñar un nuevo futuro siguiendo las pautas de un plan de vida.

A LOS CUATRO VIENTOS

Director: Manuel Guerrero

Últimos títulos publicados

59. *Otro modo de ver, otro modo de vivir. Invitación a la no-dualidad*, E. Martínez
60. *Guía para hombres en marcha. De la línea al círculo*, Alfonso Colodrón
61. *Entra en ti*, Enrique y Mercedes Montalt Alcayde
62. *Mi alegría sobre el puente. Mirando la vida con los ojos del corazón*, J. M. Toro (2ª ed.)
63. *Ser la propia luz. Más allá de linajes y maestros, de escuelas y creencias*, Rafael Redondo Barba
64. *Vivir. Espiritualidad en pequeñas dosis*, Juan Masiá
65. *El dinero emocional*, Ruth Morales
66. *Todo confluye. Espíritu y espiritualidad en los movimientos altermundistas*, J. Eizagirre
67. *Humanitinas. Fármacos humanizadores*, José Carlos Bermejo y Diana S. Simón
68. *La homosexualidad en verdad. Romper, por fin, el tabú*, Philippe Ariño
69. *Zendo Betania. Donde convergen zen y fe cristiana*, Ana María Schlüter
70. *Solo estar*, Enrique y Mercedes Montalt Alcayde
71. *La dicha de ser. No-dualidad y vida cotidiana*, Enrique Martínez Lozano (3ª ed.)
72. *Enseñanzas del Silencio de Moratiel*, Alicia Martínez (2ª ed.)
73. *Puentes de perdón*, Pax Dettoni Serrano
74. *Espiritualidad para ahora. Verbos para el hortelano del espíritu*, J. C. Bermejo (2ª ed.)
75. *El pulso del cotidiano. Ser. Hacerse. Vivir. Realizarse*, José María Toro
76. *Más allá del olvido*, Matilde de Torres Villagrá
77. *El que vive. Relecturas del Evangelio*, Juan Masiá Clavel, S.J.
78. *Un corazón atento. Entre la misericordia y la compasión*, Luciano Sandrin
79. *El diálogo en plena conciencia. El sendero interpersonal hacia la liberación*, G. Kramer
80. *Cuando tu sufrimiento y el mío son un mismo sufrimiento. La vida como sanación compasiva*, Carlos Díaz
81. *Locura de la psiquiatría. Apuntes para una crítica de la psiquiatría y la "salud mental"*, Alberto Fernández Liria (2ª ed.)
82. *Metáforas de la no-dualidad. Señales para ver lo que somos*, E. Martínez Lozano (2ª ed.)
83. *Koan inspirados en San Juan de la Cruz. Luces de occidente para iluminar el camino*, Pedro Vidal López
84. *Mujeres que aman. Susurros feministas sobre el amor y el desamor*, Rosa María Belda Moreno
85. *El evangelio marginado*, José María Castillo (3ª ed.)
86. *Morir hoy. La muerte desterrada*, Víctor Manuel Cabanillas Gutiérrez

87. *Elige la vida. Una lectura existencial de la Biblia,* Montse de Paz
88. *Peregrinar a Jesús. Dios, Jesús y la Salud,* José C. Bermejo y Ariel Álvarez Valdés
89. *Psicopatología y psicoterapia de las experiencias transpersonales,* Ana Gimeno-Bayón Cobos
90. *En el principio era la vida. Comentario al evangelio de Juan,* E. Martínez Lozano
91. *Dar-se-nos. Aproximarse al sentido de la propia vida permite acceder a la comunión con el otro y con el Otro,* Enrique y Mercedes Montalt Alcayde
92. *El milagro de vivir despierto. Ser nadie, cumbre de la madurez,* Rafa Redondo
93. *Felicidad tóxica. El lado oscuro del pensamiento postivo,* Rafael Pardo (2ª ed.)
94. *Duelo digital y coranavirus,* José Carlos Bermejo
95. *Encuentros con el silencio,* Julio Zarco Rodríguez
96. *Metáforas para la consciencia,* Pepa Horno - Ilustraciones Zaida Escobar (2ª ed.)
97. *Dar gracias. Oraciones para humanizar la cotidianeidad,* José Carlos Bermejo
98. *Humanizar. Humanismo en la asistencia sanitaria,* José Carlos Bermejo, María Pilar Martínez, Marta Villacieros
99. *El mundo en que vivimos. La conciencia y el camino del alma,* Wilfried Nelles
100. *Humanizar la soledad. Comprenderla y acompañarla,* Consuelo Santamaría, José Carlos Bermejo
101. *Un camino sin atajos. Duelo por el suicidio de un ser querido,* Alejandro Rocamora Bonilla (Dir.)
102. *El sanador herido. Humanizar las relaciones de ayuda,* José Carlos Bermejo
103. *Profundidad humana, fraternidad universal. La espiritualidad no-dual,* Enrique Martínez Lozano
104. *El ser humano, un ser espiritual,* Javier Urra (2ª ed.)
105. *La vida de Jesús y sus enseñanzas,* Manuel Segura
106. *Mindfulness para cristianos,* Rafael Pardo
107. *Oraciones para humanizar cada día,* José Carlos Bermejo
108. *El arte de mirar y escuchar desde el Corazón,* José María Toro
109. *Gratitud,* Rafael Redondo
110. *Escucha y consuelo. La palabra que sana,* José Carlos Bermejo
111. *Declive de la religión y futuro del evangelio,* José María Castillo (2ª ed.)
112. *Motivación y salud,* José Carlos Bermejo
113. *Pérdidas y comprensión ¿Cómo vivir los duelos?,* Enrique Martínez Lozano (2ª ed.)
114. *En tus manos encomiendo mi espíritu. Tu cayado me acompaña,* Rafa Redondo
115. *Mujeres sacerdotes, ¿cuándo? Diálogos en torno al sacerdocio de las mujeres,* Mª José Arana (2ª ed.)
116. *La vida íntima,* Javier Urra
117. *Cuando muere la persona amada,* Enrique Martínez Lozano
118. *Un resplandor inesperado. Relatos de transformación espiritual basados en hechos reales,* Ricardo Fernández Aguilà